Jean-Ma

L'Hermione

L'aventure de sa reconstruction

Editions du Gerfaut

Remerciements

À l'association Hermione La Fayette,
au Service historique de la Marine,
à la Marine nationale et à l'Office national des Forêts,
à tous ceux qui ont participé à cette aventure et notamment par ordre alphabétique :
François Asselin et Jacques Haie de l'entreprise Asselin,
Jean Boudriot, historien de Marine,
Emmanuel de Fontainieu, Corderie et Centre international de la mer de Rochefort,
Jean-Luc Gireaud et Robert Kalbach, auteurs de *L'Hermione, frégate des lumières*,
Jean Thomas, historien, ébéniste et modéliste, grand connaisseur de l'*Hermione*,
Maryse Vital, Isabelle Georget et Stéphane Munari de l'Association Hermione La Fayette, et Benedict Donnelly son président.

Enfin au Musée national de la Marine, à Paris, Brest et Rochefort ainsi qu'à ses services de documentation et photographiques.

Iconographie

Les reproductions mentionnées *photos AH* sont des photographies de courtoisie **A**ssociation **H**ermione **L**a **F**ayette.
Tous les dessins et photos sans référence sont de l'auteur.
Les sources iconographiques sont indiquées à la suite des légendes.

Page d'ouverture :
*Le marquis de La Fayette, en uniforme du capitaine de régiment de Noailles, à l'époque où il embarqua sur l'*Hermione *pour les États-Unis. Tableau de Louis-Léopold Boilly au musée de Versailles et de Trianon.*
© Réunion des musées nationaux, Gérard Blot.

*

ISBN : 978-2-35191-018-4
EAN : 9782351910184
Dépôt légal : juin 2007
Conception et réalisation : Pictoris Publishing, Lyon
Achevé d'imprimer sur les presses des établissements Ferré-Olsina

Sommaire

Brest en 1996, le HMS Rose, réplique américaine d'une frégate anglaise ayant participé à la guerre d'Indépendance américaine : bien que sensiblement plus petit que l'Hermione, c'est un navire lui ressemblant beaucoup, par son époque et sa construction. Cliché Loïc Le Moyne.

Chapitre I

Pourquoi reconstruire l'*Hermione* ?

Préambule

Un chantier spectacle
Quel extraordinaire défi que vouloir reconstruire un navire d'une telle dimension dans un *chantier spectacle* afin d'expliquer la construction navale sous Louis XVI, de faire partager au public les étapes de la construction d'une frégate de 12[1], et de faire revivre l'aventure de La Fayette !

*Maquette de l'*Hermione *au 1/36ème de Jean-Claude Cossais, détails de la batterie.*

N'est-ce pas anachronique, voire un peu archaïque ? À quoi sert-il de refaire au XXIe siècle une frégate du XVIIIe ? Les centaines de milliers de visiteurs qui viennent chaque année partager cet enthousiasme nous apportent la réponse, ils ont raison ! Ils reconnaissent ce qui est beau, transcendant notre condition quotidienne!

[1] Pour les puristes les calibres d'une frégate, 12 et 6, devraient s'écrire XII et VI mais pour faciliter la lecture nous mentionnerons les calibres en chiffres arabes.

Cette œuvre en chêne massif sera bien une monumentale sculpture flottante. Quelle émotion émane déjà de cette œuvre d'art digne d'un musée par son époque, son authenticité ! Ce n'est pas nostalgie stérile que retrouver nos racines et révéler notre patrimoine maritime.
Magnifique objectif que de vouloir faire naviguer un authentique navire du XVIIIe.
Belle émotion aussi que de retrouver des savoirs faire oubliés, des tours de mains perdus, que de replonger dans le passé en tentant de revivre ce qu'ont vécu nos anciens, extraordinaires constructeurs de vaisseaux ! Quel part de rêve que cette plongée dans l'histoire, quand il fallait un mois et demi de navigation risquée pour traverser l'Atlantique, quand la France voulait aider l'Amérique et croire à l'espoir de liberté universelle !
Merci à ceux qui nous aurons permis de passer de cette rêverie à cette connaissance réelle !

Reconstruire en bois, est-ce préjudiciable à la forêt ? Non

Que ce soit l'industrie du verre, du fer, du sel, que de bois engloutis pour fournir l'énergie de toutes ces fabriques ! La marine aussi, au cours des siècles, a lourdement pesé sur les forêts du monde, dont beaucoup ont sombré dans tous les océans… sauf en France où, grâce à l'intuition de nos rois, nous avons aujourd'hui une forêt riche et étendue alors que d'autres pays ont vu leurs forêts épuisées par la construction navale et remplacées par des déserts.
Aujourd'hui la forêt française est plus étendue et plus riche qu'elle ne l'a jamais été, sa superficie est double de celle connue après la Révolution. L'arbre, être vivant, est mortel par essence ! Pour que la forêt soit durable, il faut la renouveler et la rajeunir en permanence.
Utiliser du bois rend service à la planète, car la forêt par sa photosynthèse produit de l'oxygène, capte le CO_2, et en fait du bois. Seule une forêt gérée, exportant du bois, est un poumon pour la planète ! Pour combattre « l'effet de serre » la forêt doit sortir du bois !
Alors, construisons tout ce que nous pouvons en bois.

LA CONSTRUCTION NAVALE BOIS EN FRANCE

Dans les années 1990, elle ne consommait plus que 8 000 m^3 de chêne par an, une goutte d'eau dans les volumes disponibles !

Le volume de chêne sur pied en forêt est de 525 millions de m^3, et la production annuelle brute est de 17 millions de m^3 de chêne. La forêt française est largement sous-exploitée, la récolte de bois dépasse à peine la moitié de la production biologique annuelle.

Elle pourrait aujourd'hui fournir dix fois la grande flotte de Louis XVI.

Quant à l'*Hermione*, elle a demandé 1 160 m^3 de chêne et 205 m^3 de résineux. Sa construction s'étalant sur une quinzaine d'années, le volume moyen annuel est de moins de100 m^3 : c'est-à-dire bien peu de chose, environ 1/200 000ème de la production annuelle !

La naissance de Rochefort

Où construire un port de guerre ? La Roche-Bernard

Richelieu avait déjà décidé, en 1629, de construire le vaisseau la *Couronne*, prototype des futurs vaisseaux de ligne, à la Roche-Bernard, port caché à 16 km de la mer dans une vallée encaissée et facilement défendable. Ce vaisseau très grand pour l'époque, 66 m de long et 72 sabords, marque la véritable naissance de la flotte française et prélude à l'édification des arsenaux de Toulon, Brest et Rochefort.

Pour construire des bateaux de guerre, il faut un grand arsenal bien protégé de l'ennemi anglais. Brest, choisi par Richelieu mais édifié par Colbert dès 1670, est tapi au fond d'une grande rade fermée et protégée par un goulet armé de canons, infranchissable par la flotte ennemie qui, en revanche, peut en interdire la sortie par un blocus naval facilité par la proximité de l'Angleterre.

Le roi chercha à construire un autre arsenal plus loin des îles britanniques, le choix se porta en 1666 sur Rochefort[2], dissimulé dans les terres, pour ne pas retenir La Rochelle, la protestante.

Naissance de l'arsenal de Rochefort, Versailles de la mer

Colbert[3] fit « vite, beau et grand !» selon les désirs du roi. Ce si cher, comme Versailles, que Louis XIV se serait écrié « Rochefort est sûrement pavé d'or ! »

Plan en relief du port et de l'arsenal de Rochefort, réalisation Centre international de la mer de Rochefort.

Que d'argent englouti dans les sols mouvants ! Rochefort était une petite île dans les marais de l'embouchure de la Charente, sur laquelle Colbert de Terron[4] établit l'arsenal et la ville : dès 1666 la corderie, la forge pour les canons de bronze et le parc aux ancres, en 1668 les grands magasins dont celui aux poudres et le hangar de la mâture ; beaux monuments mais véritable usine qui lancera 550 navires de guerre.

[2] Voir thèse de Martine Acerra. La Marine ferma l'arsenal de Rochefort en 1927.

[3] Jean-Baptiste Colbert, ministre des Finances en 1661 et de la Marine en 1669, devint marquis de Seignelay.

[4] Cousin du ministre Colbert et gouverneur de Brouage.

La fontaine de l'amiral perd sa verticalité dans les sols mouvants ; à gauche le corps de garde de l'amiral et à droite la corderie occupée aujourd'hui par le Centre international de la mer.

DE ROCHEFORT À L'OCÉAN

Bien protégé et contrôlé à la sortie par les forts des îles d'Aix, d'Oléron et de Madame, cet arsenal « en terre » n'était accessible qu'à marée haute et au mieux à un « 74 canons ». La taille des vaisseaux augmentant, seules les frégates et corvettes purent gagner Rochefort qui perdit de son intérêt[5]. La Charente, de sept mètres de tirant d'eau et de parcours sinueux, interdisait toute navigation sous voiles ; les

Port de Rochefort, aquarelle de 1820 de Ballon de Compiègne. Musée national de la Marine à Paris, photo Dantec.
Vue gauche : l'Hermione a probablement été construite sur l'une de ces 4 cales couvertes.
Au centre, une machine à mâter et au premier plan la « cordelle » des forçats tirant une frégate en remontant la Charente, une autre descendante est visible sur la vue de droite.
À droite, le moulin de la scierie.

[5] Pour la spécialiste Martine Acerra, l'arsenal de Rochefort qui à son apogée construisit près du tiers de la flotte tombera rapidement au XVIIIe siècle à seulement 15 %.

La première forme de radoub, sur plan de Clerville, est construite de mai 1669 à juillet 1671 ; devenue insuffisante, une double forme, dessinée par Pierre Arnoul, est commencée en 1683. Ses travaux compliqués par des résurgences. Faute de place, nombre de bâtiments, dont la très longue corderie, furent installés dans les marécages sur un véritable radier, pour ne pas dire un radeau. Beaucoup de chênes passèrent dans ces radiers et charpentes avant la construction des premiers vaisseaux.
L'arsenal sera supprimé en 1927 et Rochefort décline. À partir de 1974 la ville se lance dans l'aéronautique, le patrimoine et le tourisme, avec la création culturelle du Centre international de la mer et dans la corderie royale rénovée. La vieille forme est dévasée en 1985 et la double forme dégagée à partir de 1992. Le 4 juillet 1997 on y assemble la quille de la nouvelle *Hermione*.

navires, allégés du lest et de l'armement, étaient tirés à bras d'homme. De petites embarcations descendaient les munitions et autres matériels aux bâtiments attendant en rade d'Aix où ils étaient chargés et armés. Les rives de la Charente furent équipées de pieux ou à partir de 1722 d'anciens canons ; cela permettait de hâler les vaisseaux à la montée ou à la descente sur les 22 km et de les amarrer. Les habitants des villages voisins furent soumis à cette corvée appelée « cordelle » jusqu'à l'arrivée des bagnards en 1766.

Vue droite : de gauche à droite on voit successivement la «double forme», couverte à l'époque, dans laquelle l'Hermione a été doublée en cuivre et sa réplique reconstruite, puis le moulin de dragage pour dégager l'entrée de la double forme, ensuite le corps de garde (en arcades), la fontaine de l'amiral et la corderie toute en longueur. Notez également une machine à mâter et au premier plan une autre « cordelle » tractant une frégate descendant la Charente.

De nos colonies des Amériques à l'indépendance américaine

La guerre de sept ans, la France perd ses colonies américaines

La France, ayant perdu la guerre (1756-1763), signe le désastreux traité de Paris le 10 février 1763 et cède la « Nouvelle France ». Double conséquence : la France attendra l'heure de la revanche et l'Angleterre se ruinera à entretenir une armée pour maintenir l'ordre dans les colonies. Le trésor vide, Londres impose de nouveaux impôts aux treize colonies de la Nouvelle Angleterre[6].

Montée de la tension : Indiens, taxes anglaises et guerre du Thé

En Nouvelle-Angleterre, les incidents, souvent graves, se multiplient entre la Couronne et les colons qui supportent de moins en moins sa tutelle de plus en plus rigoureuse.

En 1773 des taxes sur le fer, le papier et le thé, *Tea Act*, irritent les colons qui refusent les produits anglais. Quand trois navires se présentent à Boston, de nuit des colons déguisés en Indiens jettent à l'eau le 16 décembre 340 caisses de thé. Après cette *Boston Tea Party*, le port est fermé jusqu'au paiement de la cargaison détruite. 12 000 soldats arrivent pour rétablir l'ordre.

Le 5 septembre 1774 se réunit le « *premier congrès continental* » à Philadelphie, Benjamin Franklin prépare une déclaration des droits : aucun citoyen anglais ne devait être taxé sans son consentement. Le roi ne l'entend pas ainsi « les colonies doivent se soumettre ou triompher ».

1775 Début de la guerre

Pour mâter la rébellion qui s'amplifie et s'organise, la *Royal Navy* débarque en 1776 à New Jersey 40 000 soldats.

Le congrès[7] de Philadelphie lève à son tour « une armée continentale » confiée à George Washington, armée assez volatile de miliciens mal équipés agissant en tirailleurs embusqués. Il décide aussi la création du comité de la Marine, futur ministère, et d'une *Continental Navy*. Il cherche l'appui de la France et le 4 juillet 1776[8] vote la Déclaration d'indépendance des États-Unis[9]. Le lendemain les New-yorkais abattent la statue de plomb du roi et en tirent 42 000 balles.

Après Saratoga, la France s'engage officiellement en 1778

Après deux années difficiles le général Burgoyne est encerclé le 17 octobre 1777 et capitule près de Saratoga, première grande victoire des *insurgents*. La cause

[6] *Massachusetts, New Hampshire, Rhode Island, Connecticut, New-York, New Jersey, Pennsylvania, Delaware, Maryland, Virginia, South Carolina, Georgia.*

[7] « Second congrès continental ».

[8] *Independance Day* Le drapeau américain naîtra par acte du 14 juin 1777 avec, en souvenir des 13 colonies fondatrices, 13 rayures alternées, rouge et blanche, et un carré bleu à 13 étoiles, nombre augmentant à chaque entrée d'un nouvel État, le cinquantième en 1960.

[9] Droit à être des États libres et indépendants, toute société reposant sur trois piliers, vie, liberté et bonheur.

américaine étant très populaire en France, le 6 février 1778 le traité d'alliance est signé à Paris. Grâce à la France, les États-Unis ont désormais à leur disposition des moyens militaires et une flotte efficace.

Victoire sur mer et sur terre : la baie de la Chesapeake et Yorktown

Alors que le siège de New York, ravitaillé par la marine anglaise, s'englue, la guerre prend un tour décisif avec l'arrivée des 38 navires de l'escadre de l'amiral de Grasse, réclamée par La Fayette auprès du mnistre des Affaires étrangères Vergennes.

Washington voulait New York, de Grasse et Rochambeau choisiront la baie de Chesapeake, car sur sa rive, le général Cornwallis et ses soldats fatigués se sont repliés à Yorktown, harcelés par La Fayette. Les troupes de Rochambeau et Washington le rejoignent alors à marche forcée, 800 km épouvantables. Cornwallis est pris au piège à Yorktown, l'amiral de Grasse y arrive le 30 août, débarque des renforts.

Et ce sera la victoire navale de la Chesapeake, 5 septembre 1781, qui coupe la *Royal Navy* des forces anglaises encerclées à Yorktown, lesquelles se rendent le 19 octobre 1781 après un assaut emmené par La Fayette, il a 24 ans.

L'armée anglaise est vaincue. La reconnaissance des 13 colonies s'ensuivra par le traité de Versailles du 3 septembre 1783 qui rapporte bien peu à la France sinon du prestige… et d'énormes difficultés financières qui conduiront pour partie à la convocation des états généraux en 1789, prélude à la Révolution française.

Washington, bientôt premier président des États-Unis, reconnaîtra que sans la France, ils auraient été «noyés dans le sang» et exprima «la gratitude inaltérable de chaque citoyen américain envers la France».

Une halte préparatoire à Saint-Domingue, arrivée le 15 avril 1781, l'escadre de Grasse embarquera à la demande de Rochambeau 3000 hommes et des canons de la garnison française ; elle les débarquera le 30 août à la Chesapeake et repartira immédiatement pour la grande bataille navale de la Chesapeake du 5 septembre 1781, prélude à la victoire terrestre de Yorktown le 17 octobre. Tableau de Gustave Alaux (1887 - 1965).

Photo musée national de la Marine Paris.

Entrevue entre de Grasse, Rochambeau et Washington sur le vaisseau amiral Ville de Paris, *le 17 septembre 1781, pour se concerter avant l'attaque.*
Musée national de la Marine d'après Charles Cerny.

La Marine française, clef de la victoire

Après les décisions de Louis XVI, la Marine française est enfin forte. La *Royal Navy* est contrainte de disperser ses forces dans la Manche, l'Atlantique et les colonies indiennes. L'éventualité d'une invasion française, 40 000 hommes rassemblés en 1778 et 1779 en Normandie, l'empêche de dégarnir les côtes anglaises et de bien observer le port de Brest, comme lors de la guerre de Sept Ans. Elle ne pourra surveiller suffisamment les côtes américaines, profondément entaillées par des fleuves et rivières navigables pour les frégates, comme les affluents de la Chesapeake. Même la guerre sur terre a été tributaire de la Marine, les ravitaillements et renforts des deux camps arrivant par les ports et les fleuves.
Par le contrôle des ports, le transport des renforts et les combats navals, la Marine française avec 123 vaisseaux, aura été la clef de l'indépendance.

Combat d'escadre à la Chesapeake le 5 septembre 1781, par A.M. Zveg.
Musée naval de Washington, photo musée national de la Marine, Paris.

Que La Fayette est-il allé faire aux Amériques ?

Le marquis de La Fayette en Amérique. Musée Carnavalet, Paris ; Réunion des musées nationaux, © Bulloz.

Le premier voyage

À 13 ans, Marie-Joseph Gilbert Motier, marquis de La Fayette, (1757-1834) hérite de la grande fortune de son père ; à 17 ans, sous-lieutenant, il s'enthousiasme pour les nouvelles idées philosophiques. Benjamin Franklin, envoyé à Paris, âgé de 70 ans, parlant à peine français, le séduit. Il dira « mon cœur avait été enrôlé à la déclaration d'indépendance. » Malgré l'opposition du gouvernement qui interdit à tout officier français de servir dans les colonies d'Amérique du Nord et celle de son beau-père, Noailles, qui veut le faire enfermer à la Bastille, il s'engage et doit se cacher. La France n'est pas prête, sa flotte est encore insuffisante ; toute «agression» française fragiliserait ses alliances. Secrètement mais probablement avec l'indulgence du roi, il achète un bateau, *La Victoire* (voir tableau page 136) et le 20 avril 1777 il part de Bordeaux vers l'Amérique aider les insurgés. Il débarque à Georgetown et écrira à sa femme : « Je suis venu ici sans permission, sans autre approbation que celle du silence. » Rapidement son enthousiasme fait merveille et il rencontre Washington, lui aussi franc-maçon. Pratiquement le jour de son vingtième anniversaire il est blessé d'une balle à la cuisse et sera « soigné comme son fils » sur son ordre. On lui donne le commandement de 2 000 hommes et il mène brillamment plusieurs combats qui vont l'auréoler d'une gloire reconnue par le Congrès.

Le deuxième voyage, avec l'*Hermione*

Pour convaincre Louis XVI de s'engager auprès des insurgés, il repart de Boston le 11 janvier 1779 sur l'*Alliance*, frégate américaine commandée par un Français, arrive à Brest le 6 février et se rue à Versailles où il l'emporte. Il revient à Rochefort, embarque le 10 mars 1780 sur l'*Hermione* et arrive à Boston le 27 avril pour annoncer l'arrivée d'un contingent commandé, à son dépit, par le très diligent général Rochambeau. Après Yorktown, il quitte l'Amérique avec les honneurs en décembre 1781 et rentre en France auréolé de gloire et devient maréchal de camp.

Il fit ensuite une carrière politique à éclipse, héros des débuts de la Révolution, il émigrera[10], réprouvré, puis il végétera au fond de sa campagne mais refera un voyage triomphal aux États-Unis en 1825 avant d'être l'un des grands acteurs de l'avènement de Louis-Philippe en 1830.

[10] En partant, il sera arrêté à Rochefort (en Belgique) par les Autrichiens.

Les campagnes de l'*Hermione* jusqu'aux Amériques

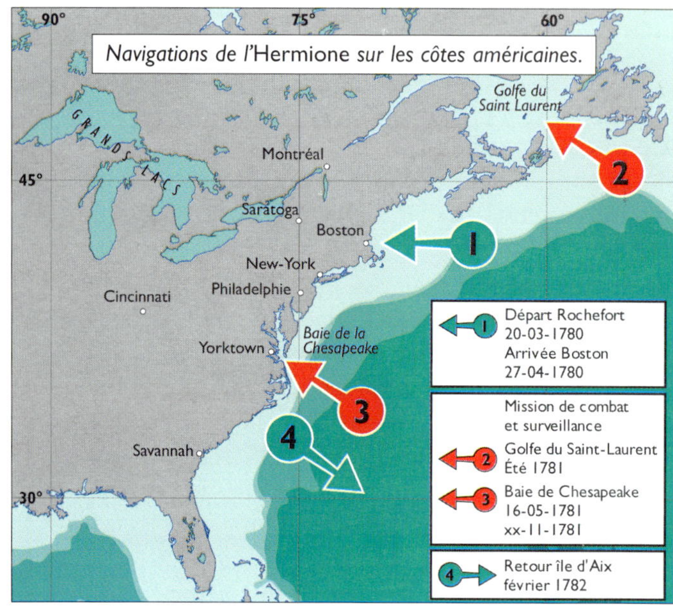

L'*Hermione* fut l'une des unités construites pour la renaissance sous Louis XVI de la flotte française. Commandée par un lieutenant de vaisseau de 22 ans, Louis-René de La Touche[13] , elle prend la mer en mai 1779 et capture trois corsaires anglais et trois bâtiments de commerce dans l'Atlantique. Elle revient alors à Rochefort dans la double forme pour recevoir en novembre 1779 un doublage en cuivre améliorant sa vitesse.

Au Port-des-Barques, La Touche se tient alors prêt à appareiller avec 330 marins pour l'Amérique, la frégate avitaillée pour six mois pour une mission secrète[14]. Le 10 mars 1780 se présente « monsieur le marquis de La Fayette, colonel du régiment du Roi, dragon et général major au service des États-Unis de l'Amérique » accompagné de son secrétaire, de deux officiers et de ses domestiques. L'*Hermione* appareille le 20 mars « en évitant toutes les voiles qui se rencontreraient » – ordre formel –, traverse l'Atlantique en 38 jours et touche Boston. La Fayette rejoint alors Washington pendant que l'*Hermione* est accueillie avec enthousiasme par le peuple américain et reçoit à son bord les élus du Massachusetts. Puis elle participe pendant deux ans à la protection des côtes, capturant des navires marchands anglais, et le 7 juin 1780 mène un combat naval victorieux contre la frégate anglaise *Iris*. À l'été 1781 l'*Hermione* et l'*Astrée* de La Pérouse croisent de conserve dans le golfe du Saint-Laurent et font de nombreuses prises.

L'*Hermione* se joint à l'escadre française après le débarquement de Rochambeau en juillet 1780 pour défendre Newport. Puis le 16 mai 1781, elle participe à une première bataille à l'entrée de la baie et enfin à la bataille d'escadre dans la baie de la Chesapeake de septembre à novembre 1781.

L'escadre de l'amiral de Grasse repartira le 4 novembre pour la Martinique mais l'*Hermione* restera aux ordres du général de Rochambeau et repartira le 2 février 1782 pour l'île d'Aix.

Du 10 mars 1780 au 25 février 1782, l'*Hermione* prendra 9 bâtiments ennemis en enregistrant 44 morts, dont 17 au combat, et 53 blessés.

---

[13] Il avait fait ses premières armes à 13 ans à la bataille des Cardinaux.

[14] Lettre du 6 mars 1780 ministre Sartine « *pour vous seul* » (très secret) « *M. de La Fayette doit vous faire connaître le nom des quatre officiers et huit domestiques qui doivent passer avec lui sur l'Hermione. L'intention du Roy est que sous aucun prétexte ne soient embarqués d'autres passagers...* ».

*L'*Hermione *à gauche au combat de Louisbourg le 21 juillet 1781 contre six bâtiments anglais pendant lequel elle tire 509 coups de canons. Détail d'une huile sur toile de Auguste Louis de Cercy, 1788.*
Musée national de la Marine à Rochefort, photo studio Laurent.

LA SOCIÉTÉ DE CINCINNATI[15]

Les officiers américains voulurent, dès le 10 mai 1783, marquer le souvenir de cette grande aventure. Ils créèrent la société de Cincinnati à laquelle adhérèrent, avec l'accord de Louis XVI, les officiers français de la noblesse, autour de La Fayette et Rochambeau, comme le duc de Broglie, de Levis-Mirepoix, de Castries et les d'Aboville, de Tinguy et le comte de Saint-Simon[16]. La branche française interdite à la Révolution fut reconstituée en 1925, et nombre de descendants aînés des « libérateurs » en font toujours partie.

D'autres associations comme « Les fils et filles de la Révolution » regroupent des descendants des combattants.

La société de Cincinnati en visite sur le chantier (juin 1999). AH.

[15] En souvenir du *dictator* Cincinnatus qui redevint simple laboureur après avoir commandé deux fois en chef l'infanterie romaine.

[16] Futur fondateur du saint-simonisme et neveu du duc de Saint-Simon, le célèbre mémorialiste.

Formes d'arbres utilisables pour la marine.

D'après Duhamel du Monceau, photo MNM, Paris.

L'encyclopédie de Pancoucke (1783-1792), photo MNM, Paris.

Le tarif de Brest du 16 novembre 1765, et l'instruction de l'an XI.

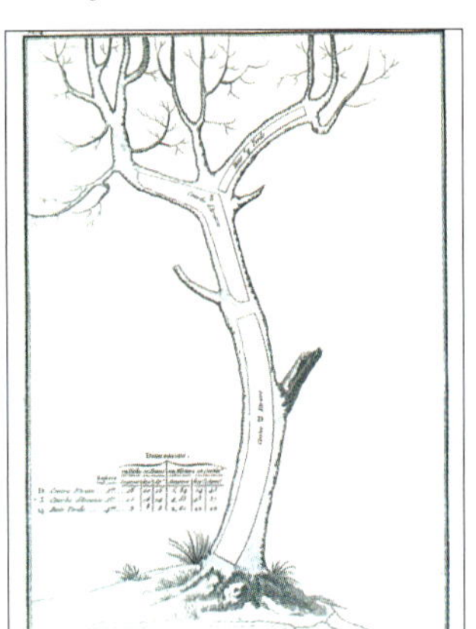

Contre-étrave et arcasse

Lisse d'Hourdy et courbe de tillac.

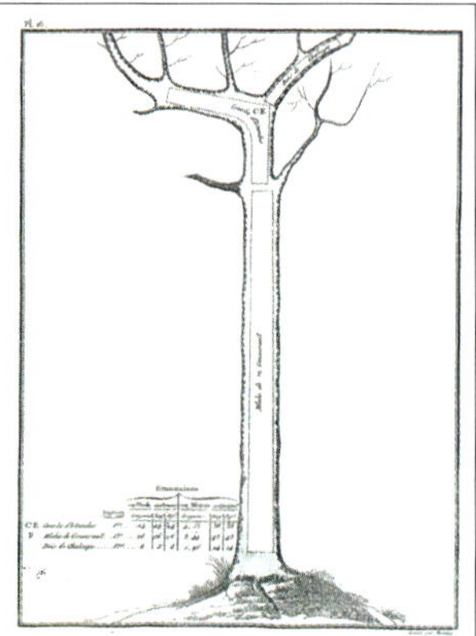

Mèches de gouvernail.

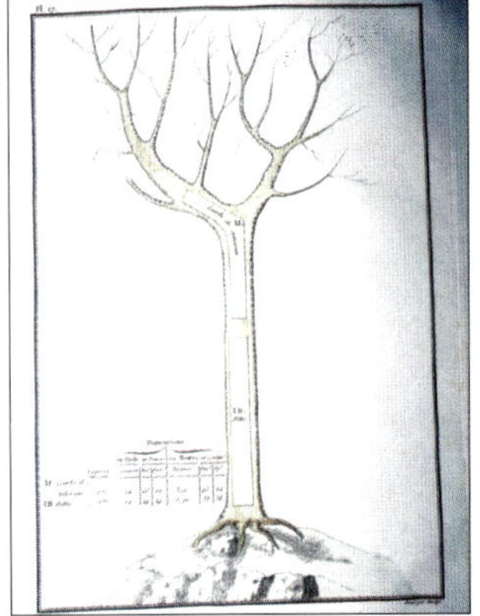

Courbes de jottereaux.

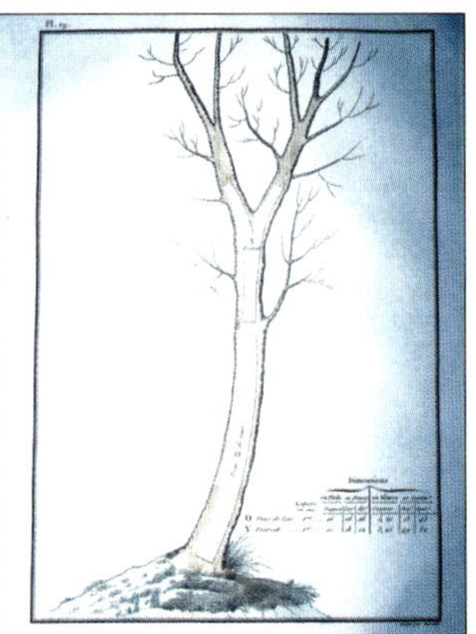

Fourcat.

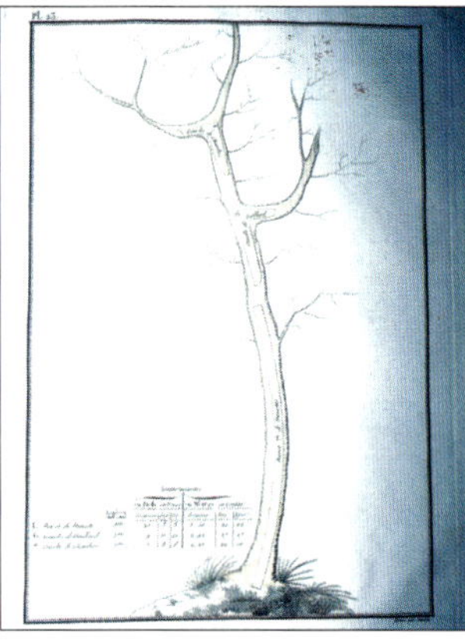

Barrot et courbe de gaillard et de chambre.

Chapitre II
La Marine

Les bateaux naissent en forêt

Frégate de 40 canons suivie d'une corvette, dessin de Nicolas Ozanne, précepteur pour la Marine de Louis XVI enfant et ses frères ; extrait du Recueil des différents vaisseaux qui servent à la guerre *pour l'instruction « des jeunes militaires que le Roy fait élever dans les ports » (daté de 1760 à 1765 par l'amiral Paris).*

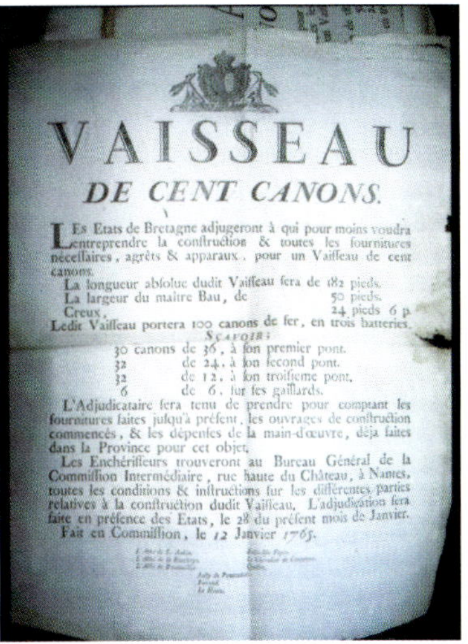

VAISSEAU

DE CENT CANONS.

LEs Etats de Bretagne adjugeront à qui pour moins voudra entreprendre la conſtruction & toutes les fournitures néceſſaires, agrêts & apparaux, pour un Vaiſſeau de cent canons.

La longueur abſolue dudit Vaiſſeau ſera de 182 pieds.
La largeur du maître Bau, de 50 pieds.
Creux, 24 pieds 6 p.

Ledit Vaiſſeau portera 100 canons de fer, en trois batteries.

Sçavoir :

30 canons de 36, à ſon premier pont.
32 de 24, à ſon ſecond pont.
32 de 12, à ſon troiſieme pont.
6 de 6, ſur ſes gaillards.

L'Adjudicataire ſera tenu de prendre pour comptant les fournitures faites juſqu'à préſent, les ouvrages de conſtruction commencés, & les dépenſes de la main-d'œuvre, déja faites dans la Province pour cet objet.

Les Enchériſſeurs trouveront au Bureau Général de la Commiſſion Intermédiaire, rue haute du Château, à Nantes, toutes les conditions & inſtructions ſur les différentes parties relatives à la conſtruction dudit Vaiſſeau. L'adjudication ſera faite en préſence des Etats, le 28 du préſent mois de Janvier.

Fait en Commiſſion, le *12* Janvier *1765*.

En 1765 les États de Bretagne lancent la construction du vaisseau, la Bretagne.

Nos rois et la flotte des XVIIe et XVIIIe siècles

Tirant les leçons de la Rochelle, Richelieu presse le roi de construire une flotte capable de résister aux Anglais. À la mort de Louis XIII et de Richelieu (1643 et 1642) la flotte française est forte de 20 galères et 80 vaisseaux ; il n'en reste presque rien à la mort de Mazarin en 1661. Dès le début de son règne personnel Louis XIV en ordonne la reconstruction, malgré l'épuisement des forêts. En 1692, le roi disposera de 110 vaisseaux de ligne et 690 bâtiments de soutien, armés par 70 000 marins et portant au total 14 670 canons.

Son successeur, Louis XV, ne poursuivra pas cet effort. Après le désastre des Cardinaux et le traité de 1763 qui coûte à la France ses colonies et paralyse ses arsenaux, le duc de Choiseul, ministre des Affaires étrangères, de la Guerre et de la Marine, s'attacha, le trésor étant vide, à reconstituer une flotte puissante par souscription. Entre 1762 et 1768, il demande aux villes et aux provinces de construire des vaisseaux de ligne. Cette politique, poursuivie par Sartine[1], permettra d'aligner 274 navires en 1780. Cependant c'est souvent contre ses ministres que Louis XVI tint tête aux Anglais et voulu rénover notre marine.

[1] Ancien lieutenant général de la police, ministre de la Marine de 1774 à 1780.

LOUIS XVI RÉNOVATEUR DE NOTRE MARINE, PROTECTEUR DE LA LIBERTÉ DES MERS

Louis XVI, huile sur toile par Duplessis.
© Musée des Beaux-Arts de Dijon.

Dès son avènement le 10 mai 1774, Louis XVI nourrit l'ambition de garantir la liberté des mers pour toutes les nations car il a souffert de voir la flotte française bloquée à Brest et l'Angleterre s'arroger le droit de visiter tous les navires de commerce.

Excédé par les attaques des corsaires anglais, le roi accorde même la protection de son pavillon à tous les navires qui la demandent, ce dont profiteront les *insurgents* ! Le 2 mai 1776, le roi décide d'aider la « république des États-Unis ».

Fin décembre 1777, le roi salue l'indépendance des États-Unis. Un traité est signé le 6 février 1778 pour « maintenir la liberté, la souveraineté et l'indépendance absolue et illimité des États-Unis tant en matière de gouvernement que de commerce. » Dès la fin du mois, une puissante escadre est envoyée sur les côtes américaines.

En 1780 Louis XVI s'oppose à Vergennes qui voulait « la paix la plus prompte », en 1781 pousse à la démission Necker qui trouvait trop chère la reconstruction de la flotte.

Après la paix de 1783, il signe des traités confirmant la *liberté de navigation sur les mers*.

LA FLOTTE FRANÇAISE SOUS LOUIS XVI

Un très gros effort de construction la hisse sensiblement au niveau de l'Angleterre :
1774 : 43 vaisseaux de ligne et 34 frégates et corvettes (contre 95 et 173 en Angleterre),
1782 : 72 et 65 frégates,
1786 : 81 et 130 frégates et corvettes,
1790 : 97 et 113 frégates et corvettes.
Notre marine n'aura jamais été aussi puissante, mais la Révolution la fera sombrer.

Les besoins en bois de marine et les forêts du monde

Après Philippe VI de Valois en 1346, Colbert au XVIIe avec l'ordonnance de 1669 et Choiseul au XVIIIe exigèrent une bonne gestion de nos forêts pour satisfaire nos besoins en bois de marine et de mâture, matière première stratégique. Il fallait 3 000 chênes pour construire un vaisseau de guerre… Grâce à cette vision, la France s'est bien sortie de la fourniture des bois de marine et possède encore aujourd'hui une forêt florissante. Au contraire les forêts circum-méditerranéennes ont été surexploitées et déboisées pour l'édification des marines antiques. Aujourd'hui la Grèce est nue, le Liban a dévoré ses cèdres et les îles de la mer Égée ont perdu leur manteau forestier protecteur et l'aridité est arrivée.

Chateaubriand avait raison, « les forêts précèdent les peuples et les déserts les suivent ». Colbert avait compris, et Choiseul après lui, que sans forêts fortes il ne pouvait y avoir de marine puissante. La grande réformation des Eaux et Forêts de 1669 structure et contrôle la forêt française transformée en futaie de chêne dont il nous reste aujourd'hui de superbes forêts. Toutes les forêts du royaume seront mises à

La forêt domaniale de Bercé, fruit des décisions initiales de Louis XIV et Colbert.

contribution pour la marine pour peu qu'elles soient proches d'un cours d'eau pour le transport des bois ; le reste proviendra d'apports extérieurs.

Publiés en 1752, les ouvrages de Duhamel du Monceau font autorité aussi bien en matière navale que sylvestre en dépit de l'influence fâcheuse des physiocrates qui avec Voltaire se prononcent contre le traitement en futaie des forêts et contre leur gestion par l'État ; certaines forêts royales sont même alors inconsidérément mises en vente.

ÉLÉMENS
DE L'ARCHITECTURE
NAVALE,
OU
TRAITÉ PRATIQUE
DE LA CONSTRUCTION
DES VAISSEAUX,
PAR M. DUHAMEL DU MONCEAU, *de l'Académie Royale des Sciences, de la Société Royale de Londres, Honoraire de la Société d'Edimbourg, & de l'Académie de Marine, Inspecteur Général de la Marine.*

A PARIS, RUE DAUPHINE,
Chez Charles-Antoine Jombert, Libraire du Roi pour l'Artillerie & le Genie, à l'Image Notre-Dame.

M. DCC. LII.
Avec Approbation & Privilege du Roi.

Frontispice et page de titre de l'ouvrage de Duhamel du Monceau de 1752, Éléments de l'architecture navale ou traité pratique de la construction des vaisseaux.

Vaisseaux et frégates

Les vaisseaux, du 74 canons de Sané au *Montebello*

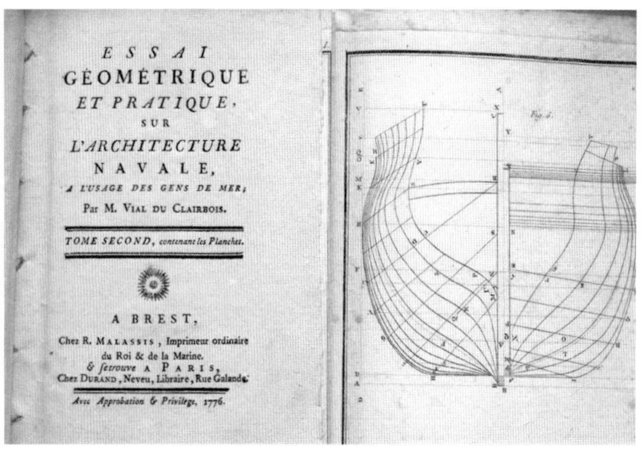

ESSAI
GÉOMÉTRIQUE
ET PRATIQUE,
SUR
L'ARCHITECTURE
NAVALE,
A L'USAGE DES GENS DE MER;
Par M. VIAL DU CLAIRBOIS.

TOME SECOND, contenant les Planches.

A BREST,
Chez R. MALASSIS, Imprimeur ordinaire du Roi & de la Marine.
& se trouve A PARIS,
Chez DURAND, Neveu, Libraire, Rue Galande.

Avec Approbation & Privilège, 1776.

Essai géométrique et pratique sur l'architecture navale à l'usage des gens de mer, *par Vial du Clairbois, 1776 : page de titre et planche dépliable.*

Sous l'impulsion de Duhamel du Monceau, les « maîtres de hache » qui se transmettaient leur savoir-faire et travaillaient sans plan, font progressivement place aux ingénieurs et à des plans normalisés. Les vaisseaux de même rang d'une escadre doivent pouvoir voguer à la même vitesse. Pour la première fois les bateaux sont construits selon un modèle standardisé, tel le 74 canons type « Sané » de 1781.

Le *Montebello* est l'un des plus gros vaisseaux construits en bois. Il est lancé en 1813, sous l'Empire. Vaisseau « trois ponts » de premier rang, déplaçant 5 000 tonneaux, il portait 120 canons. Son pont mesurait 75 mètres de long sur 12 de large, sa muraille surplombait l'océan de 9 m 65 ; sa mâture culminait à 71 mètres au-dessus de la quille. Son équipage comprenait 1085 hommes en effectif de guerre. Sa voilure de 12 400 m² pouvait être carguée en moins de deux minutes par 334 marins.

Le Montebello, *lancé en 1813, monstre des mers l'un des plus gros vaisseaux en bois à trois ponts. À la création de l'École royale forestière de Nancy en 1824, un modèle en a été réalisé au 1/40ème pour l'instruction des futurs officiers des Eaux et Forêts sur la fabrication et de la recherche du bois de marine.* Photo musée national de la Marine.

Qu'est une frégate ?

Une frégate est un bâtiment de guerre plus petit et moins armé que les vaisseaux de ligne à deux ou trois ponts (batteries couvertes). Elle a pour mission d'éclairer les escadres, de porter les ordres et de servir d'escorte et doit donc être particulièrement rapide.

La frégate[2] est très peu armée au XVIIe siècle, 26 canons de calibre 12, à 28 de 18. C'est à l'initiative de Jean Bart qu'elle remplacera les lourds vaisseaux de ligne pour harceler le commerce anglais. Moins coûteuse qu'un vaisseau, légère et rapide, la frégate sera largement répandue. L'ordonnance de 1765 de Louis XV la définit comme longue de 36 à 39 mètres et portant 20 à 40 canons ; son équipage est de 130 à 300 hommes.

*L'*Hermione *est le type même de la frégate de 12 du XVIIIe siècle.*

Puis la frégate de 12 augmente progressivement de taille et puissance. Elle porte une trentaine de canons sous Louis XVI[3] et devient de plus en plus lourde et au milieu du XIXe siècle, un autre navire plus petit, la corvette, viendra la remplacer dans son rôle d'éclaireur.

DES TAILLES DE NAVIRE AUX GRADES

Bâtiments à un mât : comme le *Renard* de Surcouf, le cotre ou *cutter* des Anglais est adopté par les corsaires pour sa rapidité et sa manœuvrabilité ; pendant la guerre d'Indépendance américaine sa coque atteint 26 mètres et porte une vingtaine de canons.

À deux mâts : goélette (30 à 90 tonneaux et six à huit voire une dizaine de canons) et brick portant de 18 à 22 caronades de 18 à 24. (500 à 1 000 tonneaux).

À trois mâts : corvette, frégate et vaisseau à 2 ou 3 batteries couvertes.

Il en découle la hiérarchie des grades d'officiers dans la Marine :

aspirant, enseigne de vaisseau 2e classe (sous-lieutenant) et 1er classe (lieutenant), lieutenant de vaisseau (capitaine), capitaine de corvette[4] (commandant), capitaine de frégate (lieutenant-colonel), capitaine de vaisseau (colonel), contre amiral (**), vice amiral (***), vice amiral d'escadre (****) et amiral (*****).

Amiral, étrange appellation qui nous vient des mers du levant, de l'arabe *amir al bahr* signifiant « prince ou émir de la mer ».

La goélette la Recouvrance *de Brest.*

Le Duguay-Trouin, *vaisseau construit en 1796 à Rochefort, type de 74 canons de Sané, maintenu à flots par les Anglais, agé de 150 ans et vétéran de Trafalgar, aurait pu et du être conservé comme le* Victory *de Nelson, son contemporain. Mal entretenu, les Anglais ont proposé de le rendre à la France qui ne l'a pas accepté. Il a été coulé le 2 novembre 1949 dans la Manche sous double pavillon et sous les honneurs des deux marines.*

Photo musée national de la Marine, Rochefort.

[2] Du grec *aphracte*,devenu *fregata* en italien.

[3] L'*Hermione* en porte 32 de 12.

[4] Grade créé en 1831.

*L'*Hermione *en chantier, la moitié des couples a été posée ; en bas à gauche le modèle de l'*Hermione *au 1/18ème de Jean Thomas est réalisé à mesure de l'avancement du chantier pour guider les charpentiers.* Photo AH.

Chapitre III
D'hier à aujourd'hui, les plans de l'*Hermione*

Sa construction en 1779

L'*Hermione*, bâtiment rapide et surtoilé comme toutes les frégates, fait partie d'une série de six frégates du programme de rénovation navale de Louis XVI.

La décision de construction est prise le 23 octobre 1778, elle est mise en chantier en décembre ; la dernière visite avant lancement a lieu le 19 avril 1779 ; le mâtage est achevé le 30 avril 1779. Sa construction accélérée n'aura pas durée six mois, ce qui est exceptionnel, mais a nécessité « 33 000 journées du Roy ».

La Dédaigneuse, *frégate de 12 lancée à Bordeaux en 1766, probablement assez comparable à l'*Hermione, *est une source historique complémentaire pour sa reconstruction. Comme pour elle, seul le sabord avant, sabord de chasse face aux lames et aux embruns, est muni d'un mantelet. Musée national de la Marine de Rochefort.*

L'*Hermione* est une frégate de 12 armée[1] de 32 canons de « 12 » : le poids du boulet étant de 12 livres soit six kilos – allant de 10 nœuds au près à 13 nœuds au largue (vent de travers). Elle mesure 44,27 m de long 11,20 m de large et 5,78 m de la quille au maître bau. Son angle de gîte peut atteindre 20° à 45° selon que les sabords sont ouverts ou fermés[2].

Arrivée en mer le 21 mai 1779, elle livre son premier combat à sa première sortie les 29 et 30 mai ! Elle revient à Rochefort et entre en novembre 1779 dans la double forme pour y recevoir un doublage en cuivre qui améliorera sensiblement sa vitesse.

LES SŒURS DE L'*HERMIONE*

Les trois frégates sœurs de la série sont la *Concorde* et la *Courageuse* en 1777, la *Fée* vient avec l'*Hermione* en 1779. La *Concorde* sera capturée par les Anglais le 15 février 1783 et incorporée dans la *Royal Navy*. Ils en relèvent les formes d'où les plans d'aujourd'hui. Deux demi-sœurs en sont très proches, la *Charmante* et la *Junon* de 1777.

---

[1] Elle possède aussi six ou huit canons de 6 et d'autres armes.

[2] Renseignements du CRAIN, Centre de Recherche pour l'Architecture et l'Industrie Nautique : Philippe Pallu de la Barrière.

L'épave du plateau du Four

La remontée enfin réussie d'un premier canon de l'épave par Michel Vazquez lors de la campagne de 2005. Photo AFP, Franck Perry.

Le 20 septembre 1793, l'*Hermione*, avec un équipage réduit, quitte l'estuaire de la Loire pour escorter à Brest un convoi chargé de canons en provenance de la fonderie d'Indret. L'incompétence du pilote de remplacement « qui a pris une marque pour une autre[3] » entraîne son naufrage sur le banc du Four au large du Croisic à la suite d'une erreur de navigation; reconnu seul responsable il sera emprisonné.

L'épave a été localisée le 22 juillet 1984 par l'archéologue sous-marin Michel Vazquez et son équipe : chance extraordinaire de retrouver l'*Hermione* alors que l'on veut reconstruire sa réplique. Qu'en reste-t-il ?

- Des canons dont un de 6 daté de 1783, remplaçant une pièce endommagée après la campagne américaine.
- L'une des ancres, elle mesure 4,25 de haut et pèse 1,5 t.
- Des boites à mitraille : boites en fer blanc à couvercle en bois remplies de balles de plomb qu'il suffisait de placer dans le canon.
- Un femelot et un aiguillot, parties d'une charnière en bronze du gouvernail.
- Des éléments de la charpente en bois donnant les mensurations des couples et de leur intervalle, la maille, variant de 95 à 105 mm.
- Un lest en place de gueuses de fer et de galets.

Le nom d'Hermione

La mythologie la donne pour la fille de Ménélas, roi de Sparte, fondateur de Lacédémone, et de la très belle Hélène de l'Iliade, cause de la guerre de Troie. Comme Hélène est fille d'Okéanos, autrement dit Océan, Hermione est la petite fille de… l'Océan ! Dans *Andromaque*, Racine en fait une amoureuse jalouse.

Neuf frégates portèrent ce nom, la première en 1669 ; celle de La Fayette est la cinquième. Elles furent suivies de deux sous-marins. La seconde frégate construite en 1748 à Rochefort fut la première à porter le calibre 12. Prise par les Anglais en 1757, elle devint *HMS Unicorn Prize*.

[3] Citée dans L'*Hermione* de Kalbach et Gireaud, éditions Dervy.

En mémoire de La Fayette : frégates d'hier et d'aujourd'hui

Peut-on comparer notre frégate et la frégate furtive *La Fayette*[4] dont le coût permettrait de construire cinquante *Hermione*… ? Non évidemment ! Imaginons cependant l'improbable rencontre du troisième type … Que donnerait la frégate furtive subitement face à une escadre de 50 frégates du XVIIIe siècle revenant du triangle des Bermudes ? Finalement reconstruire l'*Hermione* est fantastique mais… pas déraisonnable !

La rencontre improbable : la frégate Hermione *1779 - 1793 et la frégate furtive* La Fayette *1996.*
Dessin d'André Lambert.

L'*HERMIONE* D'HIER ET D'AUJOURD'HUI		FRÉGATE LA FAYETTE
Date	1779 puis 1997 à 2011	1993
Dimensions	44 m par 11 m	125 à 135 m par 15 m
Déplacement	1 200 tx du roi	2 500 puis 3 600 t
Motorisation	Voiles et aussi moteurs aujourd'hui	4 moteurs- 21 000 chevaux
Vitesse	13 nœuds au maximum	25 nœuds
Équipage	313 marins hier et aujourd'hui 30 marins professionnels	12 officiers et 129 officiers mariniers et marins
Série	4 frégates de 12	5 France, 6 Taiwan, 3 Arabie Saoudite
Coût	Aujourd'hui 17 millions d'€	1 milliard d'€
Durée de construction	6 mois, 15 ans aujourd'hui	En 1979 30 mois, et aujourd'hui 6 mois

[4] Depuis 1993, les nouvelles « frégates légères » françaises sont appelées « frégates type La Fayette » FLF.

Comparaison de quelques répliques

Dans de nombreux pays aux fortes traditions maritimes, on a connu ce phénomène de reconstruction de navires disparus et de préservation ou de renaissance du patrimoine maritime.

Bâtiments	*Renard*	*Recouvrance*	*Pride of Baltimore*	*Étoile et Belle-Poule*	*H.M.S. Rose*	*Götheborg*	*Hermione*	*Batavia*
Pays	France	France	États-Unis	France	États-Unis	Suède	France	Pays-Bas
Mâts	1	2	2	2	3	3	3	3
Haut. Tir. air	26	28	30	30	40	47	54	
Tirant d'eau	2,8	3,2	3,8	3,5	3,9	5,18	5,7	
L coque	19	25	29,4	25,3	41	40,9	44,2	56,6 ??
L HT	30	42	51	32,35	54	58,5	65	56,6
largeur	6	6,4	7,9	7,2	9,7	10,4	11,24	10,6
Déplacement Déplacement	70 44,5	80 tj 148	185	180	500	1 232 1 550	1200	
Équipage, guerre	60	50 à 60	-	-	-	-	313	-
Équipage, aujourd'hui	4	5				30	60	
Passagers	12 à 30	25				50 (80)	-	
Nbre Canons	10 de 8 4 de 4	12	-	-	-	14	26 de 12 8 de 6	-
Surf. Voiles	249	440		425		1941	1200	1190
Nbre voiles	4	12	12	12	26	26	26	
Construction reconstruction.	1812 1990	1817 1991 à 1993	1835 1977 et 1988	1931 1932	1757 1970	1740 1993 à 2003	1779 1997 à 2011 ?	1628 1982 à 1995

D'autres répliques naviguent

Le *Renard* de Saint-Malo, classé en « Navire d'Utilisation Collective » (NUC), porte des caronades de 8 en aluminium au lieu de fer, soit 150 kg au lieu de 450 kg pièce.

Le *Batavia* – pose de la quille en 1985, réalisé avec un grand respect de l'exactitude historique – ne peut naviguer de nuit. Il est parti en Australie… à bord d'un cargo ; il navigue peu et seulement de jour.

Le *Grand Turk*, (GB) frégate de 22 canons est le double du *HMS Hornblower* lancée en 1795.

La Recouvrance de Brest, *réplique de qualité, dispose de 8 sabords, dont deux faux par côté, et aura un jour… ses 12 canons ; en arrière plan, l'une des deux goélettes de la Marine nationale,* l'Étoile *ou* la Belle-Poule.

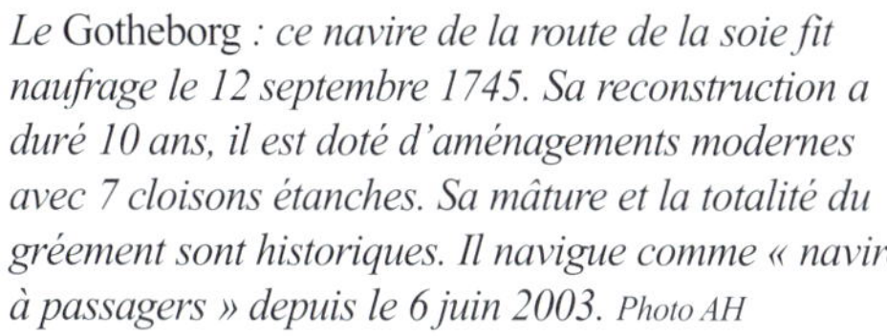

Le Gotheborg *: ce navire de la route de la soie fit naufrage le 12 septembre 1745. Sa reconstruction a duré 10 ans, il est doté d'aménagements modernes avec 7 cloisons étanches. Sa mâture et la totalité du gréement sont historiques. Il navigue comme « navire à passagers » depuis le 6 juin 2003.* Photo AH

Le HMS Rose *(E.-U.) à Brest en 1996, réplique d'une frégate anglaise ayant participé à la guerre d'Indépendance américaine. Bien que sensiblement plus petit que l'*Hermione*, c'est le navire lui ressemblant le plus, par son époque et sa construction, il a participé à des tournages de film.*

Le Pride of Baltimore *(E.-U.) en rade de Brest en 1996, goélette comparable à la* Recouvrance *mais de construction moderne.*

3-3. Les plans de l'*Hermione*

Les plans de l'*Hermione* n'ont pas été retrouvés mais les Anglais avaient relevé[5] ceux de sa sœur la *Concorde*, capturée en 1783 ; avec d'autres documents, ils serviront de base de départ. M. Bernard Moreau et le CRAIN, Centre de Recherches pour l'Architecture et l'Industrie Nautique, dirigé par M. Philippe Pallu de la Barrière, vont faire le gros travail de reconstitution des différents plans du navire.

Depuis juin 2003 un autre architecte naval assure le suivi du chantier. Paradoxalement l'entreprise *Asselin*, spécialisée dans la restauration de charpentes terrestres, celles des monuments historiques, a été retenue après appel d'offres pour construire l'*Hermione*, avec évidemment des charpentiers de marine.

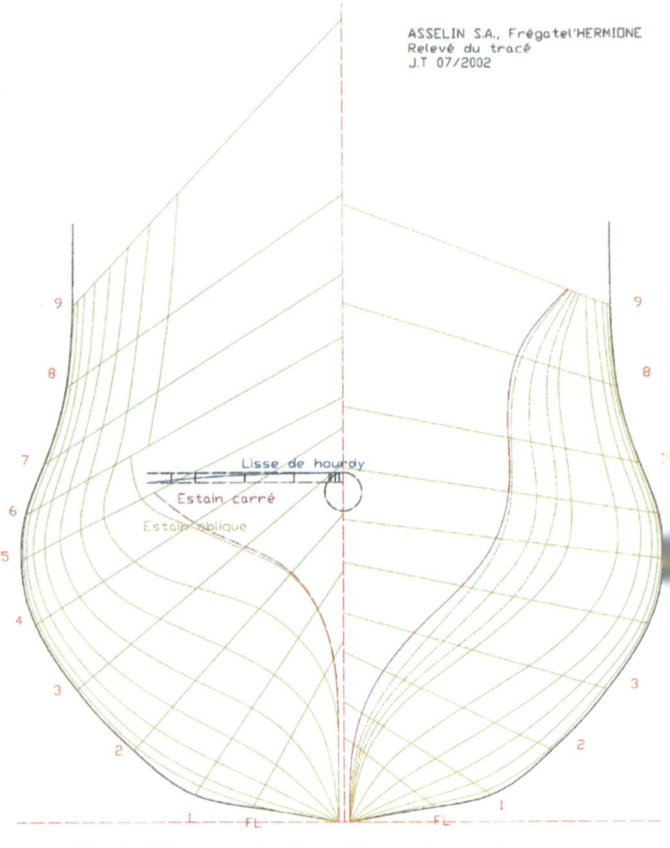

*Plan de l'*Hermione*, les lignes d'eau, et les couples avant (moitié droite) et arrière (moitié gauche).* *Jean Thomas, Asselin SA.*

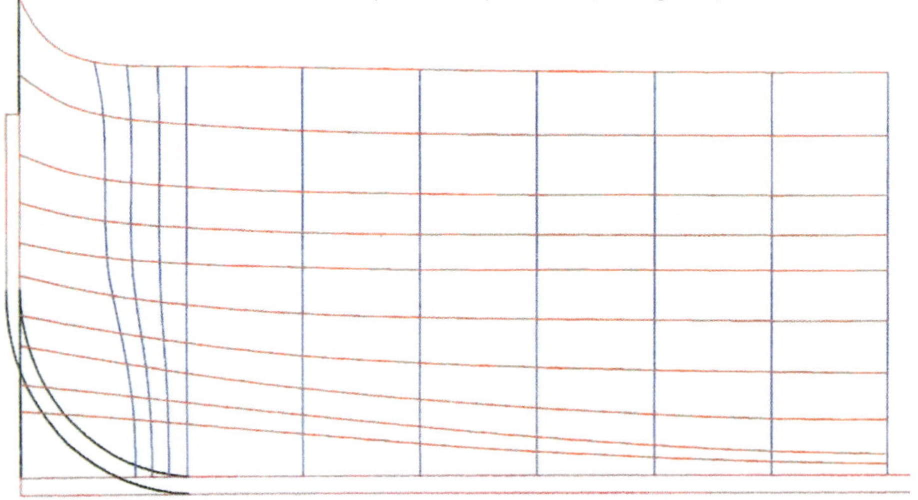

[5] Au musée maritime de Greenwich.

*Modèle de l'*Hermione *au 1/18ème de Jean Thomas, ébéniste, dessinateur et historien de marine, réalisé pendant le chantier et pour guider les charpentiers de marine.*

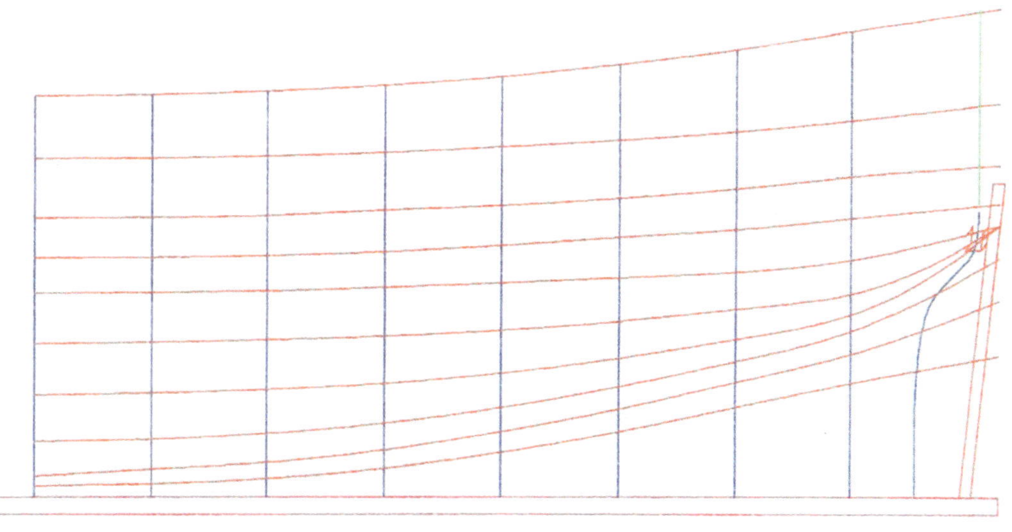

*Plan de l'*Hermione*, montrant les lignes d'eau, et les couples avant (page 28) et arrière (page 29).*
Jean Thomas, Asselin SA.

JEAN THOMAS

À la fois charpentier et historien, Jean Thomas ébéniste de métier devenu dessinateur modéliste réalise en simultané un « modèle de chantier » de l'*Hermione* à l'échelle 1/18 qui, commencé en septembre 1996, permet aux charpentiers de voir exactement la pièce qu'ils vont tailler en grandeur réelle et aux visiteurs de suivre l'avancement de la construction.

Jean Thomas aux petits et aux grands soins pour son modèle. Photo AH, Francis Latreille.

C'est bien souvent à contrecœur que Jean Thomas devait accepter quelques concessions exigées par les règlements de sécurité : comme il dit plaisamment « faire naviguer l'*Hermione* aujourd'hui, c'est comme vouloir faire passer une de Dion Bouton au contrôle technique ! »

Au XVIIIe siècle le roi avait prescrit, à l'époque où l'on ne faisait pas de plans, et pour pouvoir reproduire les vaisseaux qui marchaient le mieux, d'en réaliser des modèles. Furent également exécutés avec une extrême minutie des modèles d'instruction de plus grande dimension pour les arsenaux, chaque pièce de charpente étant une exacte réplique en réduction de l'original.

On comprend ici la différence entre un modèle et une maquette dont seul l'aspect extérieur est fidèle. Bordé sur tribord, ce modèle a sa charpente visible à bâbord.

Jean Thomas contemple son modèle, il peut en être légitimement fier ; toujours avec sa pipe comme Jean Bart qui, critiqué par un courtisan, répliqua « j'ai le droit de fumer ma pipe sur les vaisseaux du Roy pendant les batailles, j'en ai donc le droit dans ses antichambres (de Versailles). »

Exactitude historique et contraintes modernes

Des concessions pour soulager le chantier

Heureusement que le savoir faire des charpentiers de marine puisse aujourd'hui être aidé par les techniques et l'outillage moderne car l'essentiel est que la matière soit respectée, que le fil du bois soit préservé, que le charpentier de marine fasse du beau travail… comme autrefois !

Il faut aussi que les manœuvres et les travaux soient sécurisés, la peine épargnée et la réglementation du travail suivie.

Travail d'autrefois. Levage d'un bois de marine par « cage à écureuil » dans le port de Brest vers 1850, en arrière plan la machine à mâter ; détail d'une huile sur toile de Pierre Julien Gilbert (1783 - 1860).

Musée national de la Marine à Paris, photo P. Dantec.

*Techniques entièrement modernes. Pour les lourds couples dévoyés de l'*Hermione*, sur un gros plateau de chêne à découper, une tronçonneuse à plateau inclinable.* Photo AH.

Emploi de techniques anciennes. L'herminette, parfois indispensable, est toujours utilisée. Photo AH.

Objectifs de l'association

L'association voulait faire une réplique exacte de l'*Hermione*, retrouver le savoir-faire des charpentiers de l'époque et apprécier toutes les difficultés et la pénibilité d'une telle réalisation ; puis l'équiper de sa mâture, de ses voiles et refaire au moins, en souvenir de La Fayette, le voyage vers les États-Unis et revenir à Rochefort pendant les mois d'été pour pouvoir accueillir ses admirateurs !

Mais jamais les autorités maritimes ne permettront aux marins d'aujourd'hui de voyager comme ceux du XVIIIe siècle : trop dangereux. Le principe de précaution et le respect des normes modernes sont incompatibles avec l'esprit d'aventure. Pourtant elle sera historique, sans cloisons étanches et avec son faux pont où il n'y a pas hauteur d'homme.

Logo de l'association. Photo AH.

Pour autoriser la traversée de l'Atlantique il fallait que toute la construction réponde aux normes actuelles, vérifiées par un organisme certificateur externe, le bureau Véritas. Il fallait des instruments de navigation moderne, GPS etc., ce qui ne pose aucun problème. Il fallait aussi que l'*Hermione* soit équipée de deux moteurs fixes actionnant deux hélices, par sécurité – homme à la mer,... – et pour être plus autonome et manœuvrant aux entrées et sorties de ports. Il faut aussi de l'électricité à bord, donc des générateurs, pour les détecteurs incendie notamment et pour les guindeaux électriques de remontée d'ancre au lieu d'appeler 60 marins pour manœuvrer le grand cabestan à bras.

L'*Hermione* pour simplifier sera classée non pas « navire à passagers » mais « plaisance ».

*La reconstitution d'une réplique la plus authentique nécessite un gros travail de recherche et la participation d'historiens de marine reconnus, comme Jean Boudriot ici en visite sur le chantier de l'*Hermione *en compagnie de Jean Thomas, expert et modéliste. Photo AH.*

Compromis ou compromissions

Les discussions ont été serrées autour du respect de l'exactitude historique et des contraintes actuelles. Les goujons et autres broches seront en bronze ou parfois en inox dans les parties invisibles. Quelle importance que les tiges invisibles traversant 1 à 3 mètres de chêne pour solidariser le massif d'étambot et les trois-pièces de quille, soient en fer corrodable ou en inox, petite entorse prolongeant heureusement la durée de vie du bateau ! L'*Hermione* sera ainsi comme son aînée et même plus durable qu'elle. Car c'est aussi l'un des objectifs que l'*Hermione*, à flot dans sa forme, puisse être très longtemps admirée par les visiteurs avec des frais d'entretien réduits.

De même, les affûts et les roues des canons étaient toujours en orme, pour limiter les éclats de bois terribles pour les canonniers, mais cet arbre a aujourd'hui disparu attaqué par la « maladie hollandaise », alors il a fallu les faire dans un autre bois ; à l'impossible nul n'est tenu !

RAYMOND LABBÉ

Ancien patron d'un chantier naval, petit-fils et fils de charpentiers de marine, Raymond Labbé avait passé sa vie à construire près de deux cents bateaux dont de gros chalutiers en bois et quelques grandes répliques comme la bisquine *La Cancalaise* et le cotre *Renard* de Surcouf. Grand spécialiste de la charpente bois, il venait très souvent de Saint-Malo à Rochefort pour présider les réunions de chantier. Son expérience fut indispensable pour lancer le projet et imaginer des procédures pour une construction qui devait s'étaler au moins sur dix ans. Pour la nuit du patrimoine en septembre 1993, c'est lui qui mit en place dans la double forme un squelette laissant imaginer l'ampleur qu'avait l'*Hermione* ; ce qui n'était qu'un rêve se transforme en projet. Il parlait avec saveur et savait adapter la modernité : « *C'est pas parce qu'au* XVIII*e siècle on faisait des âneries qu'il faut les reproduire.* »

À son décès fin 2005, ses fonctions ont été reprises par Gérard Bernard constructeur de chalutiers à Saint-Vaast la Hougue et restaurateur du *Marité* et du *Fleur de Lampaul.*

Raymond Labbé, à gauche, en compagnie de Philippe Pallu de la Barrière, l'architecte des débuts et du président de l'association Benedict Donnelly à droite (février 1997). Photo AH.

Squelette en grandeur réelle dans la double forme. Photo AH.

Bureau Véritas et contrôles de sécurité

Depuis un siècle on ne construit plus de grands navires en bois et entre-temps le principe de précaution l'a emporté. À défaut de normes, très prudent, le bureau de contrôle s'est appuyé d'abord sur les règles de 1963 des derniers chalutiers de 30 mètres, avant de retrouver heureusement celles de 1928 correspondant aux goélettes d'Islande plus importantes, mais la simple proportionnalité est peut-être excessive. Les « écarts » ou traits de Jupiter ont été allongés au-delà des pratiques du XVIIIe siècle et la carlingue a vu sa section doublée. Au fil du chantier les précautions augmentent, on dépasse les spécifications de Duhamel du Monceau ou de Sané !

Quant aux baux de pont, ils seront en bois courbant d'une pièce alors qu'initialement ils étaient souvent en demi-baux assemblés avec des adents.

La propulsion pourra se faire par hélices. Une vraie chaîne et une ancre moderne sont obligatoires pour naviguer et des guindeaux électriques aideront à leur manœuvre.

Duhamel du Monceau, Paris 1700 - 1782 ; d'abord botaniste au jardin du roi à Versailles, devenu ensuite inspecteur général de la Marine.

STABILITÉ D'UN BÂTIMENT

Un lest est installé en fond de cale, constitué de pierres, de galets, des canons de rechange et des stocks de boulets. Comme la stabilité est améliorée si le centre de gravité est bas, on allége aussi le navire dans les hauts, partie supérieure de la coque comme mâture. Dans un vaisseau à trois ponts, la batterie basse porte les canons de gros calibre, les plus lourds, la batterie intermédiaire ceux de taille moyenne et la batterie supérieure les pièces les plus petites. On appelle vaisseau rasé un bâtiment dont on a supprimé la batterie supérieure pour alléger ses hauts et le rendre plus rapide et plus sûr. Ainsi un bâtiment trop chargé et instable peut-il redevenir excellent à la mer.

NAUFRAGE DU *VASA*, XVIIe SIÈCLE

Le roi de Suède décide la construction du plus grand vaisseau possible pour affirmer sa supériorité. Ce superbe monument[6] de chêne très haut sur l'eau, avait un château arrière surplombant la mer de 19 mètres. Surchargé de près de 500 sculptures et de 64 canons, et pourtant déjà lesté de 120 tonnes de pierres il sombre, avec les familles à bord, à la première risée de sa sortie inaugurale devant Stockholm, la mer entrant par les sabords ouverts de la batterie basse. Les tests de stabilité avaient été interrompus tellement l'instabilité était grande mais personne n'avait osé le dire au roi qui avait tant voulu ce vaisseau et approuvé ses plans !

[6] Il a depuis été sorti de l'eau, il est à Stockholm et mérite vraiment la visite avec ses 69 m de long.

L'un de ces arbres tors si utile pour la marine.

Chapitre IV

L'approvisionnement du chantier

Les bois de l'*Hermione* de 1779

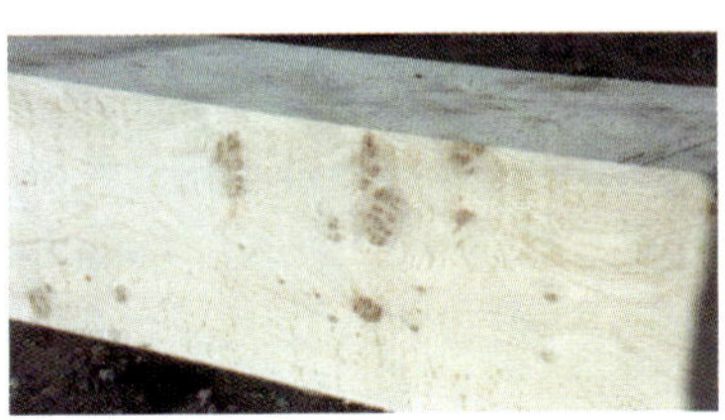

Le chêne brogneux et son bois à pattes de chat, peu apprécié des ébénistes mais d'une excellente qualité marine.

Un bois de qualité

Le chêne de qualité « marine » est un bois nerveux, dur, à croissance rapide ; de mauvaise venue pour les ébénistes. Sont exclus des arsenaux, les bois gélivés, roulés (décollement des cernes), lunés (à double aubier) ou à fibres torses (vrillés). Pour les résineux, la qualité « mâture » est un bois souple à accroissements très fins, très différent des résineux de plaine à croissance rapide.

Toutes les forêts du royaume proches d'une voie d'eau ont été prospectées par la Marine, les bassins d'approvisionnements forestiers de bois de marine s'appuyaient sur le réseau fluvial.

La Marine a marqué profondément les forêts : les cantons des Grandes Ventes rappellent à Tronçais une grande coupe ; le canton de la Marine de la forêt du Cranou près de Brest et la maison forestière de la Royale en forêt de Chaux remémorent la fourniture des chênes de coque, quant à la route forestière et la maison forestière de la Marine en forêt de la Joux, elles évoquent la descente des grands sapins de mâture.

En bois de marine, pour chaque usage, un bois spécifique

La construction navale fut très grosse consommatrice de bois[1] jusqu'à l'utilisation du fer et de l'acier débutant vers 1850. Les essences utilisées étaient pour l'essentiel :

[1] Pour plus de détails sur la protection des forêts pour la Marine, voir le livre *Bois de marine* ou *250 réponses aux questions des amoureux de la forêt*, du même auteur chez le même éditeur.

- pour les parties immergées de la structure ou carcasse du bateau, le chêne et l'orme,
- pour les bordages des œuvres vives, le chêne pour la guerre, le cyprès, le cèdre et le hêtre pour le commerce,
- pour les bordés de pavois comme pour les bordés de pont, « toit » du navire, des sapins et pins,
- pour les « ponts de batterie », du chêne résistant dans la zone d'évolution et de recul des canons,
- pour les avirons, du hêtre ou du frêne,
- pour les chouquets de mâture, les pompes à eau des cales et les caisses des poulies, de l'orme,
- pour la mâture, mâts et espars, des résineux légers et souples, ayant poussé lentement et aux cernes fins,
- pour le réa des poulies du chêne vert, buis ou gaïac.

Une de ces pièces très courbes qui nécessite du bois de fil. François Asselin.

Le fil du bois et la revanche des bois courbes

Le bois s'accroît d'une couche circulaire annuelle, fibres et vaisseaux de sève étant parallèles à l'axe du tronc ou de la branche. En respectant « le fil », notamment en le fendant, on peut obtenir de fines lames de bois de très haute résistance, vrais ressorts comme les skis ; mais scié en travers, le bois n'a que peu de cohésion. Or dans un navire tout est en courbes. Pour sa solidité, ses éléments devront donc être taillés dans des bois pré-courbés par la nature, particularité qui vient d'une recherche de la lumière, lutte pour la vie entre les arbres.

Parfois les arbres les plus difformes, les plus cagneux, fournissent les plus beaux genoux[2] ou les plus belles courbes. Méprisés et rejetés pour leur difformité, ils tiennent là leur revanche et la reconnaissance du charpentier de marine !

Le respect du fil du bois impose de tailler les pièces d'un navire dans des arbres ayant naturellement la même forme.

La recherche des bois tors[3]

Ces bois tors, nés il y a plus de deux ou trois siècles, étaient recherché dans toutes les forêts de France ou dans le commerce international très contrôlé en période de guerre ; mieux valait avoir ses propres forêts en bon état dans le royaume ! Le manque de bois tors ou « courbant » était tel que l'on a même tenté d'en augmenter le nombre en multipliant les lisières par la création de clairières ou de chemins. On a parfois tenté de corseter les arbres pour leur faire produire les bonnes courbures ou courbes.
Les couples sont taillés dans des bois tors difficiles à trouver surtout dans de fortes dimensions comme celle nécessaire pour l'*Hermione*. Comme le disent les charpentiers de François Asselin, « les gros tordus, il y en a plus chez les hommes… que parmi les arbres ! »

Classification normalisée des bois à l'époque de l'*Hermione*

Le « tarif » de Brest du 16 novembre 1765, début de la standardisation des pièces de construction navales, et celui du 15 mars 1783 ont été à juste titre repris dans les instructions de Marine de l'an XI (1803). Il s'agissait d'un catalogue descriptif des pièces nécessaires en fonction de leur forme, de leur courbure, offrant au charpentier de marine de les commander sans quitter l'arsenal. Loin en forêt on les recherchait pour lui.
Les bois étaient classés en trois catégories :
- *Bois « droits »*, destinés aux quilles étambots, mèches de gouvernail et bittes, sans oublier les plançons débités en madriers pour les bordages ou vaigres,
- *Bois « courbants »* présentant une courbure légère simple ou en « S » ou, très rare, dans deux plans différents (bois à deux bouges) pour la lisse d'Hourdy ou barre d'Hourdy, dernière barre d'arcasse.
- *« Courbes »*, équerre formée par l'angle entre le tronc et une grosse branche.

Bois droit.

Bois courbants.

Courbes.

[2] Un genou est dans un couple la partie la plus coudée, terme utilisé dès la fin du XVIIIe siècle.
[3] Voir le livre *Bois de marine* du même auteur chez le même éditeur.

Signaux et espèces

Pour ne transporter que le bois utile, les troncs étaient équarris ou dégrossis sur place, en forêt, grâce au tarif de Brest et sa nomenclature « signal et espèce ».
Les signaux définissaient la forme et l'utilisation de la pièce : quille, étrave, bitte, barrot, courbe, allonge, varangue, porque… dont la forme changeait selon la position de l'avant à l'arrière – varangues plus ou moins ouvertes ou acculées…
Les sept espèces précisaient la dimension du « signal », variable selon la taille du navire : chaloupe, cutter, aviso, brick, corvettes, frégates et vaisseaux.

TARIF

ARRÊTÉ à Brest le 16 novembre 1765,

Des Proportions que doivent avoir les Pièces de Bois de construction, pour faire la différence des espèces dans lesquelles elles doivent entrer; ensemble de l'Arc que doivent avoir celles qui en sont susceptibles;

SAVOIR :

1.re ESPÈCE.	PIEDS de longueur.	POUCES de largeur.	POUCES d'épaisseur au milieu.	ARC par pied de longueur de dehors en dehors.	OUVERTURE des courbes de dehors en dehors.
A Quille..........	.36 à 50.	.16 à 20.	.16 à 20.		
AB Brion ou ringeot...	.18.30.	.16.20.	.16.20.	....	de 110 à 160 deg.
B Étrave..........	.24.36.	.20.36.	.16.20.	de 9 à 16 lignes..	
D Contre-étrave.....	.18.22.	.20.24.	.16.20.	de 12 à 8 lignes...	
C Étambot.........	.28.36.	.20.30.	.16.20.	De 5 à 7 lignes depuis 13 à 15 pieds du gros bout.	

Les indispensables courbes de marine, du bois au fer

Parmi ces courbes, indispensables à la construction navale, on distinguait :
- les très grosses courbes d'étambot assurant la liaison entre la quille et l'étambot,
- les courbes de brion entre quille et étrave,
- la courbe de capucine verticale entre l'étrave et l'éperon,
- les courbes de jottereaux[4], horizontales reliant la proue à l'éperon,
- les courbes de pont, de bau, qui liaient les baux des ponts et la muraille,
- les petites courbes de perriers supportant l'armement sur la hune.

Toutes ces courbes, horizontales ou verticales, servent de liaisons et de renfort, équerres de consolidation empêchant la déformation du navire.
Rares et si difficiles à trouver pour les grands vaisseaux, elles furent souvent le facteur limitant de la construction navale, sans courbes, pas de vaisseaux !

[4] Appelés aussi « dauphins » pour éviter toute confusion avec les jottereaux des mâts.

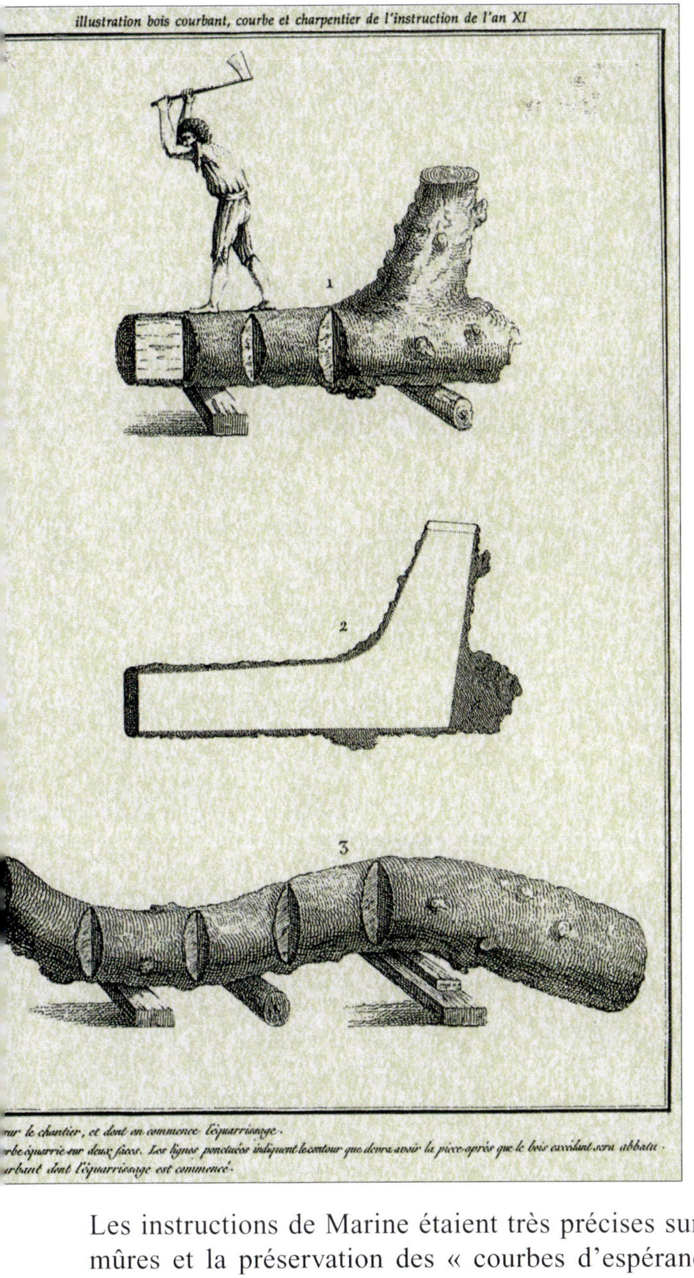

illustration bois courbant, courbe et charpentier de l'instruction de l'an XI

1

2

3

ur le chantier, et dont on commence l'équarrissage.
rbe équarrie sur deux faces. Les lignes ponctuées indiquent le contour que devra avoir la pièce après que le bois excédant sera abbatu.
urbant dont l'équarrissage est commencé.

Forêt domaniale du Cranou près de Brest, recherche d'une belle courbe avec l'auteur. DR.

Charpentier de marine taillant en forêt une grosse courbe de marine, dessin annexé au Tarif de Brest *de 1765 et du 15 mars 1783, repris dans l'instruction de Marine prise par l'Administration générale des Forêts de l'an* XI*, soit 1803.*

Les instructions de Marine étaient très précises sur la recherche de ces courbes mûres et la préservation des « courbes d'espérance », celles de la Marine de demain ! Malgré cela, elles venaient toujours à manquer !
Alors en période de pénurie, au milieu du XVIIIe, les arsenaux français inventèrent des courbes d'assemblage en deux pièces consolidées d'une ferrure comme sur l'*Hermione* puis des courbes en fer. Le vaisseau l'*Invincible*[5] fut pris par les Anglais qui avec stupeur découvrirent l'usage des courbes en fer dans ce navire qui surpassait en taille et en rapidité leur navire amiral.

[5] Construit en 1741 et pris en 1747. Voir Martine Acerra et Jean Meyer, *La grande époque de la marine à voile*.

Courbes en bois

1. *Pose d'une courbe sur l'*Hermione.

2. *Une belle enfilade de courbes sous le faux pont.*

3. *Courbes de baux de l'*Hermione*, dans la grande chambre, à l'extrémité du pont de batterie.*

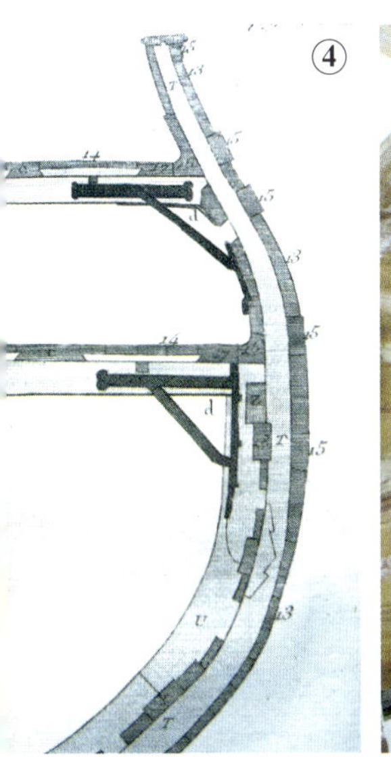

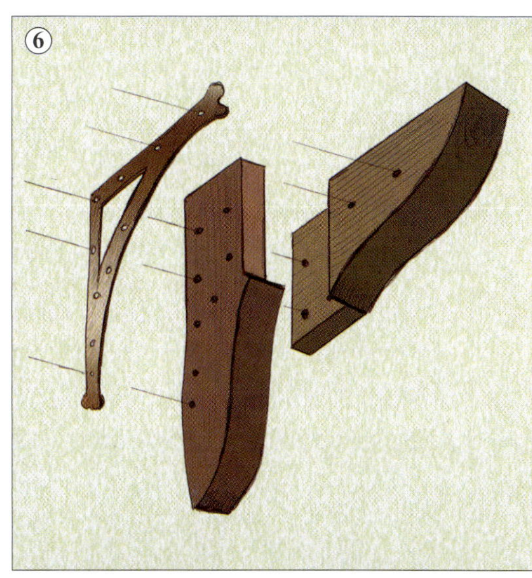

Courbes en fer

4. *Déjà au milieu du* XVIIIe*, les courbes de bois manquaient, et on expérimenta des équerres en fer.* Dessin de Duhamel du Monceau (1752).

5. *Courbe d'assemblage correspondante sur l'*Hermione. *Courbe de baux.*

6. *À défaut de courbe d'une seule pièce de fil, on fait des courbes assemblées et renforcées d'une équerre de métal.*

7. *Courbes en fer trouvées à Vanikoro, site des épaves des deux frégates de l'expédition de La Pérouse, 1785, la* Boussole *et l'*Astrolabe. Musée de la Marine à Paris.

8. *Courbes en tôle ployée de la reconstruction du* HMS Rose. *Notez les tables couchettes dans la batterie.*

Martelage et marteaux

Le martelage en abandon[6]

C'est le choix des arbres à enlever tout en préservant d'autres pour le futur. En apposant une marque avec un marteau forestier, usage vieux de six siècles, le forestier façonne la forêt. C'est une sorte de hachette à talon, gravée d'une empreinte ; le tranchant enlève l'écorce jusqu'au bois pour obtenir le miroir, ou flachis, frappé ensuite du talon pour marquer le bois, comme si le forestier battait monnaie.

Un marteleur dans la forêt du Gâvre.

Le marteau forestier.

À partir de 1992, ici en forêt de Rennes, reprise par les forestiers de martelage pour la marine, d'où l'ancre.

Quels marteaux ?

Les bois de marine étaient marqués d'une ancre. Toute distraction d'un tronc marqué de l'ancre était sévèrement punie. Il y avait des marteaux de désignation en forêt, et des marteaux de réception par les personnels de la Marine. En cas de refus ils étaient marqués du marteau de rebut et faisaient l'objet d'un procès verbal autorisant le retour dans le circuit commercial.

Ceux utilisé sous Louis XVI pour l'*Hermione* portaient l'ancre surmontée d'une fleur de lys[7].

*Empreinte du marteau de désignation de Marine modèle 1763, époque de l'*Hermione.

[6] Autrefois existait aussi le *martelage en réserve* où l'on marquait les arbres à conserver, les autres étaient abattus.

[7] Pour en savoir plus sur les marteaux et le martelage, cf. *Bois de marine*, du même auteur.

Abatage et transport

L'abatage[8]

Celui des chênes intéressants se faisait par « extraction de souche » pour récupérer la totalité de l'arbre dont parfois une crosse à la base. Très tôt, l'abatage fut imposé en période hivernale, toujours hors sève sauf pour les feuillus, et de préférence en « décours de lune » (lune décroissante) pour la durabilité des bois.

Éhouppage : un éhouppeur monte jusqu'à la cime de l'arbre et en coupe toutes les branches pour prévenir un éventuel éclatement du tronc lors de sa chute. Chêne de la Louve au Gâvre, Loire-Atlantique, avec l'inscription « La Fayette, nous voilà ».
Photographie : Jean-Philippe Combe, ONF.

[8] « Abatage » est une orthographe employée au moins depuis le XVIIIe siècle en foresterie et pour les forestiers puristes, fidèles à la tradition, il s'écrit toujours avec un seul « t ».

La découpe

L'acheteur de bois a la fâcheuse tendance à « redresser » les chênes tors en tronçons droits pour en faciliter le transport. La découpe doit préserver et mettre en valeur la courbure recherchée : à gauche, découpe scierie classique et à droite, découpe marine.

L'équarrissage

Le transport de grumes lourdes étant impossible sur de grandes distances, il est vite apparu plus simple d'équarrir ou dégrossir les bois de charpentes et courbes de marine en forêt pour ne transporter que le bois utile, avec une légère surépaisseur. Puis la pièce était affinée sur le chantier à sa dimension exacte. Plus tard au début du XIXe, les couples seront sciés mécaniquement dans les arsenaux à l'aide d'une scie double à deux lames parallèles ce qui permettra de récupérer d'intéressantes chutes de bois qui autrement seraient parties en copeaux. Voir ci-dessus le *Tarif de Brest* du 16 novembre 1765, « signal et espèce » (pages 40 et 41).

Débuscage et débardage

Après l'abatage, vient le débuscage, de débusquer, c'est-à-dire « sortir du bois » du lieu même de l'abatage puis suivi du débardage avec des trinqueballes.

Le charroi se faisait avec des bœufs et les chevaux prenaient le relais sur les chemins empierrés, extérieurs à la forêt. Les grumes levées par des trinqueballes allaient jusqu'au « port » de rivière le plus proche de la forêt où elles étaient chargées sur des gabarres puis dès la proximité du rivage, les bois de marine étaient transportés par des bateaux appelés flûtes.

Le transport par flûtes

Au XVIIIe, les flûtes étaient d'assez gros vaisseaux de transport militaire, parfois d'anciennes frégates allégées de leurs canons. Elles servaient aux transports des bois de marine et autres « munitions », tous les approvisionnements pour construire, «munir» et armer les vaisseaux.

Les meilleurs chênes étaient réservés aux grands bâtiments de guerre et les bois plus ordinaires voire déclassés, étaient employés pour les bâtiments de charge, peu rapides ; d'où l'expression plutôt ironique et péjorative *du bois dont on fait les flûtes*... ce n'était pas le meilleur !

Les bois de l'*Hermione* d'aujourd'hui, des forêts du Poitou… à Versailles

Des forêts du Poitou, de Bretagne, des Pays de la Loire, de la région parisienne mais aussi celle de Tronçais et même de… Versailles ont fournis des chênes pour l'*Hermione*. Quel beau symbole que des chênes abattus par les tempêtes de 1999 du parc de Versailles et du Trianon aient apporté leur bois à l'*Hermione* : ils avaient vu Louis XVI décider d'aider l'Amérique naissante ! La similitude entre l'*Hermione* de 1779 et sa réplique est peut-être allée jusqu'à l'origine versaillaise de quelques bois, debout ou renversés par les tempêtes de 1774 et de 1999 !

Une exploitation à Versailles l'hiver 1774 - 1775 après une tempête, des officiers en uniforme viennent « visiter » et notamment repérer des ormes : 219 soit le cinquième seulement, seront reconnus aptes à la construction navale, certains seraient-ils partis pour Rochefort ? Au second plan à gauche, abatage à culée noire pour récupérer la totalité de l'arbre, deux hommes creusent et coupent les racines pendant qu'un grimpeur vient d'accrocher une corde sur laquelle tirent déjà 4 hommes ; au premier plan deux bûcherons débitent un tronc au passe-partout pendant que trois scieurs de long oeuvrent sur place pour ne transporter que le bois utile. Tableau de 1776 d'Hubert Robert, Les Bains d'Apollon, musée du château de Versailles et Trianon. Photo Réunion des musées nationaux.

Le chêne de la Louve, agé de 380 ans, en parcelle 75 de la forêt domaniale du Gâvre condamné par sa dangerosité et sa vieillesse, est parti pour l'Hermione. C'est là qu'a été tué le dernier loup de Loire Atlantique.

La recherche des bois tors de l'*Hermione* aujourd'hui

Si l'approvisionnement en chêne droit ne pose aucun problème, la recherche des bois « tors » est une autre affaire, celle de l'entreprise Asselin, ou celle, en direct, de l'association. Plus de 5 000 arbres d'un volume total de 10 000 m³ ont été utilisés pour 1 200 m³, œuvrés, mis en place sur la frégate ; le reste est réutilisé ou vendu par l'association comme bois de chauffage.

Il existait autrefois un service de surveillance des bois de Marine, « suspendu indéfiniment » en 1839 « considérant que la Marine a pu s'approvisionner … en bois de chêne… sans le secours du martelage » imposé en forêt, et s'en remettant… « aux adjudicataires des fournitures le soin de rechercher… » eux-mêmes ces arbres. Ce service supprimé et le circuit des spécialistes disparu, le charpentier, muni des gabarits des pièces à trouver, vient parfois sur les coupes, en forêt, rechercher les bois tors.

Si le chantier trouve un lot de bois tors, c'est sur le parc à bois de Rochefort que les charpentiers de marine viendront, là encore avec leurs gabarits, rechercher le chêne pour y tailler la pièce voulue.

*Un abatage à culée noire, en déterrant l'arbre pour le récupérer en totalité pour l'*Hermione*, en forêt domaniale du Gâvre (Loire Atlantique).* Photo AH.

Vente joyeuse des chutes, en bois de chauffage, sur le chantier (novembre 1999). Photo AH.

MATÉRIAUX NÉCESSAIRES

Chêne : 1 200 m³	Fers : 35 tonnes	Étoupe : 3 tonnes
Résineux : 205 m³	Brai : 1 tonne	Chanvre : 15 tonnes.

Le chêne vient des forêts de la façade ouest de la France, les résineux dont le douglas (ou pin d'Oregon) viennent des collines et montagnes de l'Est de la France. La mâture est faite en bois collé de pur pin d'Oregon du Nord américain.

Recherche en forêt bretonne avec des gabarits des pièces courbes à trouver. Photos Le Poupon (DR)

Le sciage compliqué d'un bois tors et son contrôle au gabarit.

FRANÇOIS ASSELIN ET SON ENTREPRISE ÉPONYME

C'est une entreprise régionale de restauration de charpentes de monuments historiques qui a jusqu'à présent emporté les tranches successives du marché de construction de la coque ; son grand savoir-faire dans les charpentes du XVIIIe sert à la reconstruction d'une frégate de même époque.

Après avoir connu dômes et cintres, elle travaille avec des charpentiers de marine sur les rondeurs d'un navire.

Comme le dit François Asselin : « Si les assemblages au trait de Jupiter sont les mêmes, la grande différence entre la charpente statique d'un château et celle dynamique d'un bateau, c'est qu'elle doit être beaucoup plus contreventée et équerrée par des courbes, et que son étanchéité n'est pas assurée par un couvreur, mais par le charpentier lui-même ! » Joël Berthelot a recherché les bois tors en forêt et Jacques Haie les met en œuvre sur l'*Hermione*.

François Asselin (à droite) avec son chef de chantier, Jacques Haie (au centre) en pleine réflexion sur le tracé d'une pièce.

Les coupes d'eau, traditionnelles en marine pour éviter les remontées d'eau par capillarité, sont inconnues en charpente terrestre, une cheville de sapin qui gonflera, est introduite dans les trous percés dans l'assemblage.

*Vues de la proue et de la poupe de l'*Hermione *; sa carène est recouverte de feuilles de cuivre contre les salissures pour gagner en vitesse.* *Dessins Dominique Gall.*

Chapitre V

Le chantier de reconstruction de l'*Hermione*

Installer un chantier

Durée de construction

Le ministre[1] en 1807 rappela qu'il était de règle, oubliée à la Révolution, qu'à moins d'ordre particulier, toutes les frégates devaient rester au moins deux ans sur leurs chantiers pour que la membrure ait le temps de sécher. Entre la pose de la quille sur les tains et le lancement, il pouvait s'écouler trois, quatre ou cinq ans ; il n'a fallu que 20 mois pour la frégate *Vengeance*, et c'est un record dans cette catégorie qui ne sera jamais égalé… sauf par l'*Hermione* construite en urgence dans le délai exceptionnel de 6 mois !

Bois sec ou vert

Pour garantir la qualité de la construction et sa durabilité dans le temps, seul le bois sec, stabilisé, devait être utilisé en construction navale. Mais bien souvent sa disponibilité se révélait insuffisante. Si le bois était trop vert, on ralentissait le chantier pour le laisser sécher progressivement. La construction de bâtiments comme les frégates était parfois confiée à des particuliers comme les frères Crucy qui, de 1793 à 1814, ont travaillé à Nantes, Lorient et Rochefort. Ces entrepreneurs, en soumissionnant, devaient garantir qu'ils disposaient d'un stock de bois sec suffisant. Ils avaient cependant un droit de tirage du tiers des bois nécessaires sur les stocks de chêne sec disponibles dans les arsenaux de l'État.
En 2006 le chantier de l'*Hermione* a été soumis à ce même problème de manque de bois sec et a donc dû ralentir son activité.
En effet si un bateau est bordé avec des bois vert, ses bordages vont sécher et s'ouvrir, laissant un espace trop grand pour permettre un calfatage satisfaisant. L'étoupe et le brai du calfatage ne peuvent remplacer le manque de bois et tenir si la couture est trop large.
Par ailleurs les marins prétendaient que les éclats de bois vert étaient plus dangereux que ceux de bois sec, ils étaient donc vigilants sur la siccité du bois.

Les fosses à bois

Dans un arsenal, le stock de bois en réserve est très important : 3 000 arbres pour un vaisseau et il y avait des dizaines de vaisseaux à construire. Avant le façonnage ou le

[1] D'après Yves Cossé, *Les Frères Crucy, entrepreneurs de constructions navales de guerre (1793-1814) Nantes, Lorient, Rochefort.*

sciage, il faut garantir les troncs des attaques d'insectes xylophages[2], très friands de résineux, surtout non écorcés. L'immersion des bois dans des « enclavations » était toujours retenue par la Marine pour les bois en attente. D'autant plus qu'après immersion, le bois dont la sève a été lavée sèche beaucoup plus vite. Brest dans la Penfeld ou Lorient à Lanester possédaient des enclavations en eau saumâtre pour le chêne comme pour les mâts. Il semble que Rochefort n'ait pas eu de fosses à bois pour les chênes, utilisés en continu, en revanche il y avait des « fosses aux mâts[3] » en rive gauche, d'une contenance de 1 200 mâts, creusées en 1668 et 1669.

1. *Les parcs à bois de Rochefort, en 1786, sont en rive droite près de la double forme, et les fosses à bois ou fosses aux mâts en rive gauche en face des cales couvertes. Plan relief.*

2. *Pièces de chêne oubliées pendant plus d'un siècle dans les fosses à bois de la Penfeld à Brest.*

Les cales de construction de Rochefort

Les bateaux, dont l'*Hermione*, étaient construits sur des « cales » en pente douce menant jusqu'à l'eau ; le lancement du vaisseau terminé s'opérait par glissement. Ces cales étaient si possible orientées nord-sud afin que le navire en construction ne sèche pas plus sur bâbord que sur tribord. En effet si la cale était orientée est-ouest, le coté au soleil sècherait beaucoup plus et le navire s'arquerait, prenant une forme irrécupérable de gondole.

[2] Consommateurs de bois.

[3] En aval de Rochefort sur la paroisse de Saint-Nazaire.

Les cales de construction des navires étaient maçonnées et, dans les régions marécageuses ou de polders, comme à Anvers, Lorient et Rochefort, elles étaient installées sur des pieux battus ou « d'une manière plus simple et plus économique en se contentant d'établir » un réseau de traverses chevillées les unes aux autres… formant « un ensemble solidaire répartissant la pression… » sur la vase. La cale ne devait, en effet, en aucun cas risquer de se déformer sous le poids de plus en plus lourd[4] du navire en construction.

Sur le radier ainsi constitué, était installé une rampe de bois, la « cale », dont l'inclinaison

*Maquette du plan relief de Rochefort où l'on distingue dix cales dont quatre couvertes, c'est là que l'*Hermione *a été construite en 1779.*

était savamment calculée pour permettre le lancement ; la force de glissement liée au poids du navire terminé devant être légèrement supérieure au frottement. Pour les vaisseaux et les frégates la pente retenue est de 1/12, et de 1/11 ou 1/10 pour des bâtiments plus petits. Mal calculée, le navire restait collé ou partait dangereusement trop vite.

La cale, toujours au sec, était prolongée vers l'eau d'une « avant-cale » permettant de soutenir le navire jusqu'à ce qu'il puisse flotter ; le lancement se faisait toujours en grande marée pour diminuer la longueur de l'avant cale.

Des blocs de bois ou « tains »[5] réglaient l'inclinaison de la future quille, elle devait être au moins à 1,20 m du sol pour permettre aux ouvriers le chevillage et le calfatage des bordages des « petits-fonds ».

[4] Plus de 1 200 tonnes pour une frégate à plusieurs milliers pour un vaisseau.

[5] Ou encore « tins ».

Les cales couvertes

Dès sa mise à l'eau, un navire se détériore, sa conservation est bien meilleure sous abri. De plus la construction des vaisseaux durant souvent plusieurs années, elle était facilité par un toit qui protégeait le chantier et les ouvriers de l'arsenal du soleil et des intempéries.

Les bateaux étaient donc souvent construits sous des cales couvertes puis attendaient la crise qui justifierait le lancement décidé par la Marine. En période de paix il existait ainsi dans les arsenaux une série de ces coûteuses cales couvertes contenant des bâtiments prêts à être lancés. À défaut ils étaient protégés par une toiture légère construite sur le navire lui-même.

L'*Hermione* est aujourd'hui reconstruite sous une tente fermée équipée d'un système de brumisation automatique pour maintenir l'hygrométrie nécessaire à la charpente.

Les cales sèches ou formes de radoub de Rochefort

La première forme maçonnée fût construite à Rochefort par François Le Vau en 1671. Ce type de forme dite « à la française » pour nous, « à l'anglaise » pour d'autres, permettait l'entretien, le grattage et le calfatage sans coucher le navire sur le flanc, ce qui fatiguait le navire et les marins. En effet l'abattage en carène nécessitait d'abaisser les mâts et d'alléger le vaisseau de ses canons, de fermer et de calfater les sabords. Des radeaux chargés des canons servaient à incliner la coque en tirant sur l'extrémité supérieure du bas mât.

La forme Louis XIV devint rapidement insuffisante pour l'activité du port de Rochefort et il fut décidé de réaliser une forme double très originale (1683-1728), pour construire ou entretenir deux bateaux l'un derrière l'autre, séparés par une porte.

Cale couverte de Rochefort. *Archives du Service historique de la Marine.*

Cette double forme était à gradins ou « banquettes » facilitant la circulation des ouvriers et l'étaiement aisé du vaisseau. Cette forme Louis XIV, comme la double forme, s'ouvrait sur la Charente par une porte flottante ou « bateau-porte » qui s'encastrait dans les rainures de la maçonnerie. Pour ouvrir cette porte il suffisait à marée haute, après avoir laissé l'eau envahir la forme, de pomper l'eau du bateau-porte qui allégé, pouvait sortir de sa rainure et libérer le passage.

Ces formes étaient équipées de systèmes de pompes permettant de les assécher, mais

Carénage avec brûlage dans le port de Bayonne en 1760.
Détail du tableau de Joseph Vernet.
Musée national de la Marine à Paris, photo par JMB.

également d'épuiser les très nombreuses infiltrations de la Charente et des marais.
C'est dans le premier bassin de cette double forme que l'*Hermione* a été reconstruite. Sa mise à l'eau se fera simplement par remplissage du bassin et ouverture le fleuve. Cependant il faudra au préalable remettre le système de bateau porte en état ou installer une écluse.
Une nouvelle grande forme a été construite sous Napoléon III en 1853 en parallèle de la double forme.

À gauche : La forme Louis XIV rénovée et réutilisée : carénage d'un bateau de pêche en 1997. L'arche sur le côté faisait partie du système de pompes. Elle est sans gradins contrairement aux suivantes.

Restes du bateau-porte : remarquer la rainure de la maçonnerie.

*À droite : au fond le chantier, à gauche le hangar couvrant l'*Hermione *dans la double forme Louis XV, juste derrière le hangar des charpentiers, et sur le terre-plein le long de la forme Napoléon III, le stock de bois, à droite le hangar en toile des forgerons, voiliers et menuisiers. Au fond la Charente qui conduira la frégate vers la mer.* Photo AH.

Les étapes de la reconstruction : la carcasse

La carcasse d'un navire et son élancement

On a toujours comparé l'ossature d'un bateau au squelette d'un mammifère. Que de ressemblances en effet entre les couples fixées sur la quille et les côtes sur une colonne vertébrale. Jusqu'à l'époque de saint Louis, la quille était constituée d'un seul tronc d'arbre, la nef[6] était donc très ronde. La découverte de l'assemblage de troncs bout à bout permit d'affranchir la longueur du navire de celle de l'arbre. L'allongement de la quille et donc du bateau accrût sa capacité et sa vitesse par un plus grand élancement ou rapport de la longueur sur la largeur. Il passe ainsi de 2,5 pour la nef de saint Louis à 3,7 pour les vaisseaux du XVIIIe siècle, à 3,8 pour les frégates et à 3,9 pour les corvettes. Quant aux grands bateaux de commerce, ils atteindront 5 à 7 pour les clippers de la fin du XIXe siècle ; l'art de la construction navale en bois atteindra là son apogée, autorisant des vitesses de 14 à 15 nœuds, plus rapides que celles des vapeurs d'alors.

La quille et ses assemblages

Les assemblages

La taille des bateaux augmentant, il fallut apprendre à assembler plusieurs troncs pour constituer une longue quille. Cet assemblage en forme de sifflet ou « trait de Jupiter », du fait de son traçé en forme d'éclair, s'appelle un « écart » ; le dessin de Fréminville en donne plusieurs types.

Deux précautions indispensables :

- la partie supérieure de l'écart doit être dirigé vers l'avant, ainsi en cas de choc violent la première pièce peut s'arracher sans entraîner de conséquences plus graves ; placé dans l'autre sens ce ne serait pas une pièce de bois qui serait arrachée, mais deux ou plus,
- « aucun écart ne doit être placé au-dessous des mâts, car la pression considérable résultant de leur propre poids ainsi que de la tension de leur gréement, est de nature à communiquer à la quille des déformations qui, si elles se produisaient sur un écart, le ferait ouvrir en occasionnant des voies d'eau de l'espèce la plus dangereuse. »[7]

Les divers assemblages à traits de Jupiter
d'après Fréminville.

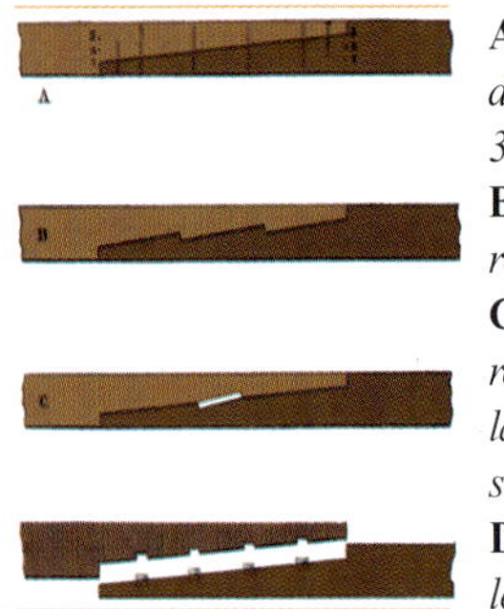

A : *trait de Jupiter chevillé, tel est l'assemblage de la quille de l'*Hermione*, immobilisé par 3 broches en bronze et deux clous,*
B : *trait de Jupiter à « adents » plus compliqué à réaliser et qui souvent prenait du jeu au séchage,*
C : *trait de Jupiter à clef, laquelle pouvait être resserrée à grands coups de masse avant la mise à l'eau, les bauquières de l'*Hermione *sont ainsi montées,*
D : *trait de Jupiter à dés d'assemblage, les plus récents.*

Sens de montage du trait de Jupiter.

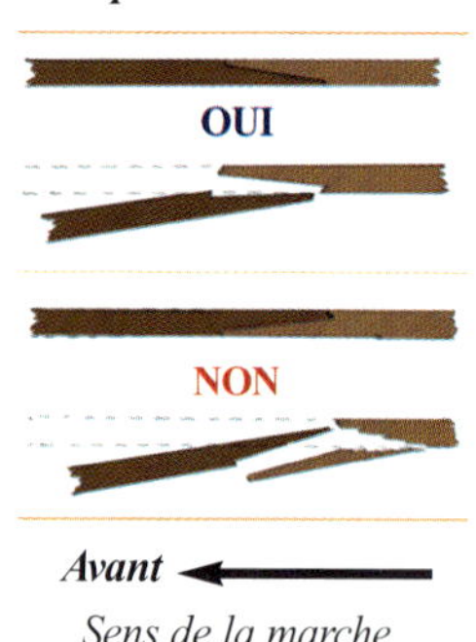

Sens de la marche

[6] La nef de saint Louis faisait 25 m de long et 10 de large et embarquait 50 chevaux.
[7] *Traité pratique de construction navale* de Fréminville.

1. *Trait de Jupiter de la quille de l'*Hermione. *Photo AH.*

2. *Trait de Jupiter sur gouttière (ceinturant les ponts). Photo AH.*

La quille

Elle est constituée de trois étages assemblés par des chevilles métalliques voire d'un quatrième avec la carlingue, il a donc fallu 12 gros arbres au moins pour la réaliser.
La fausse quille en partie inférieure supporte les échouages et les avaries éventuelles. Son épaisseur est identique à celle des bordages et elle est fixée d'une façon sommaire pour permettre son arrachage éventuel sans entraîner de dégradation à la quille qu'elle est chargée de protéger. Constituée de cinq pièces bout à bout, certains de ses éléments peuvent être remplacés en cas d'incident.
La quille, constituée de trois éléments assemblés par écarts simple, est la pièce maîtresse du navire, sa colonne vertébrale, elle est entaillée sur toute sa longueur, par la râblure, jonction délicate pour l'étanchéité entre la quille et le bordé.
La contre-quille, en quatre éléments, recouvre la quille. Les varangues viendront s'insérer sur elle par des petites entailles appelées « margouillets ».

Schéma de l'ensemble de la quille en 3 pièces superposées

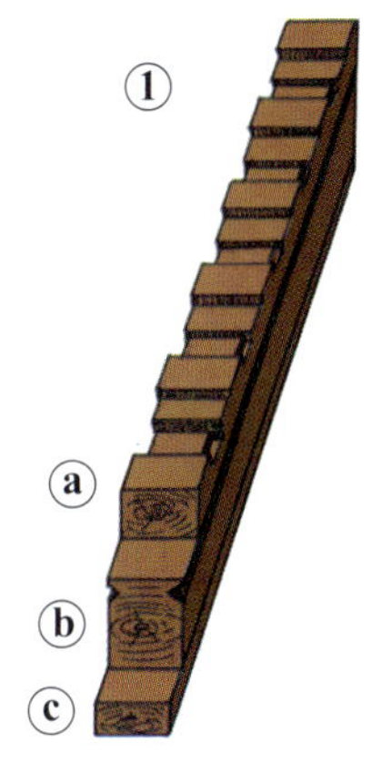

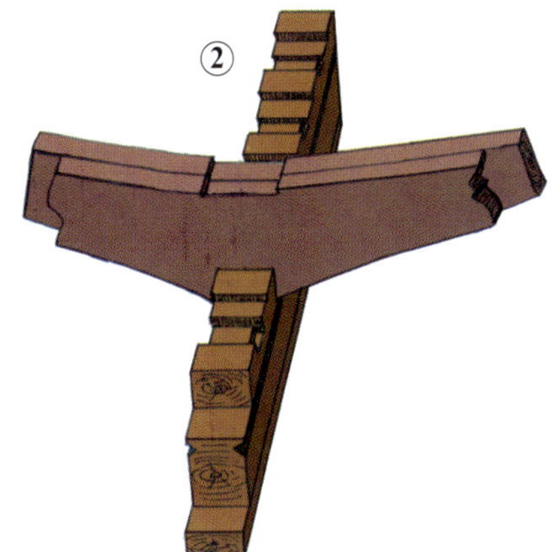

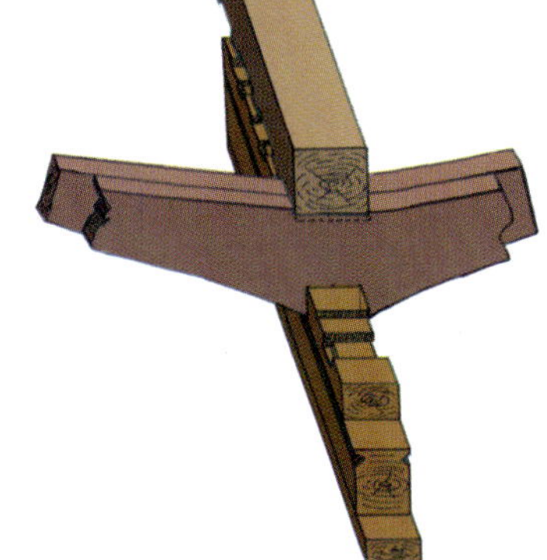

1a - *la contre-quille entaillée pour recevoir la demi-varangue et la varangue accouplées,*

1b - *la quille rainurée de la râblure longitudinale pour recevoir le galbord,*
1c - *la fausse quille en dessous, moins épaisse.*

2 *Mise en place des varangues accouplées,*
3 *Le tout recouvert de la carlingue entaillée par dessous.*

Pose de la quille

Le bateau terminé va peser 1 200 tonnes reposant sur la quille et ses tains. Il est nécessaire que le sol soit stable pour éviter une déformation de la quille, colonne vertébrale très souple au départ car très longue et fine, 38 cm sur 40 m, aussi souple qu'une baguette de bois d'un centimètre carré de section sur un mètre de long.

1 - *La pose de la quille a commencé en juin 1997 par la mise en place des tains ou billots parfaitement alignés qui surélèvent le fond de coque d'au moins un mètre en prévision du calfatage des bordages de fond.* Photo AH.

2 - *Préparation de la pose de la quille, le brion est devant à gauche.* AH, photo Pierre Talon.

3 - *Le grand jour, le 4 juillet 1997, symboliquement le jour anniversaire de l'indépendance américaine, pose de la quille qui signe la naissance de l'*Hermione*. Les officiels apposent une plaque souvenir.* Photo AH.

4 - *Pose de la quille prolongée du brion, début de l'étrave, sur les trois étages de tains. Elle est constituée de trois pièces - un arbre chacune - bout à bout. La quille est d'abord assemblée à plat, sur chant, puis basculé d'un quart de tour pour y clouer la fausse quille, ensuite le tout est rebasculé. À son extrémité est déjà fixée une pièce courbe, le brion, préfigurant l'étrave.* AH, photo Pierre Talon.

La carlingue

Elle vient couvrir toutes les varangues et les prendre en sandwich avec la quille.

Mise en place d'une pièce de carlingue, notez les entailles correspondant avec précision aux varangues. Photo AH.

La carlingue, en place, prolongée au premier plan du marsouin, couvre les varangues et consolide la carcasse. Photo AH.

L'étambot

C'est la pièce quasi verticale arrière du navire et qui portera le gouvernail. Sa fixation sur la quille est consolidée par de véritables équerres, la « courbe d'étambot », le « marsoin »…

Préparation de l'étambot déjà entaillé pour le logement des barres de l'arcasse, sortes de faux couples horizontaux. Photo AH.

L'arcasse

La courbure très prononcée des bordages remontant à l'arrière d'un bateau et leur fixation sur la structure nécessite une charpente très particulière appelée arcasse ; les membrures ne pouvant plus être verticales sont alors disposées horizontalement. Elles sont appelées barres d'arcasse ; la barre supérieure est la lisse d'Hourdy, pièce très complexe à double courbure. L'ensemble de l'arcasse est montée au sol séparément comme s'il s'agissait d'une tranche de la construction d'un bateau, les barres, comme des couples[8], étant montées sur l'étambot alors placé horizontalement comme une quille. Ensuite l'ensemble étambot et arcasse est levé et fixé sur l'extrémité de la quille puis maintenu par des accores. Ce système de construction à arcasse donne des arrières carrés aux navires ; il en résultait un angle mort pour l'artillerie entre les batteries latérales et les rares canons de retraite sur le tableau arrière. D'où l'invention au XIXe siècle des arrières ronds plus solides et sans angle mort.

Une sculpture extraordinaire, l'arcasse vue de gauche, l'étambot à plat au sol au milieu. AH, photo Jean-Luc Moreau.

[8] Les barres d'arcasse ne peuvent pas être appelées couples puisqu'elles sont constituées d'une seule pièce.

Approche de l'arcasse montée sur l'étambot. AH, photo Bernard Henry.

1. *Grande journée le 20 août 1997 : pose de l'arcasse et de l'étambot, à l'extrémité de la quille déjà équipée de la courbe d'étambot et du contre-étambot, constituant le massif arrière. Haute de 7 m et large de 6,5 m, l'arcasse de l'*Hermione *pèse 6 tonnes.* AH, photo Bernard Henry

2. *Le premier couple vient après l'arcasse. Septembre 1997.* AH, photo Jean-Luc Billot.

Le tableau arrière

Pose du tableau arrière en « fer à cheval ». Photo AH.

Allure du tableau plusieurs mois plus tard. Photo AH.

Membrure, membres ou couples

Le navire ayant une section très ronde, les membres doivent être taillés dans des bois très courbes. À défaut de pouvoir utiliser le trait de Jupiter, trop fragile et consommant trop de bois courbes, la technique est celle de la double membrure : de courtes pièces courbes bout à bout constituent un premier membre, et un second lui est superposé, les points d'assemblage étant soigneusement décalés de l'une à l'autre. Ces deux pièces jumelles sont alors solidement chevillées d'où ce nom de *couples*.

Le maître couple est le plus large au centre du navire. Sa surface est de 57 m^2 pour une frégate de deuxième rang et de 104 m^2 pour un vaisseau de premier rang.

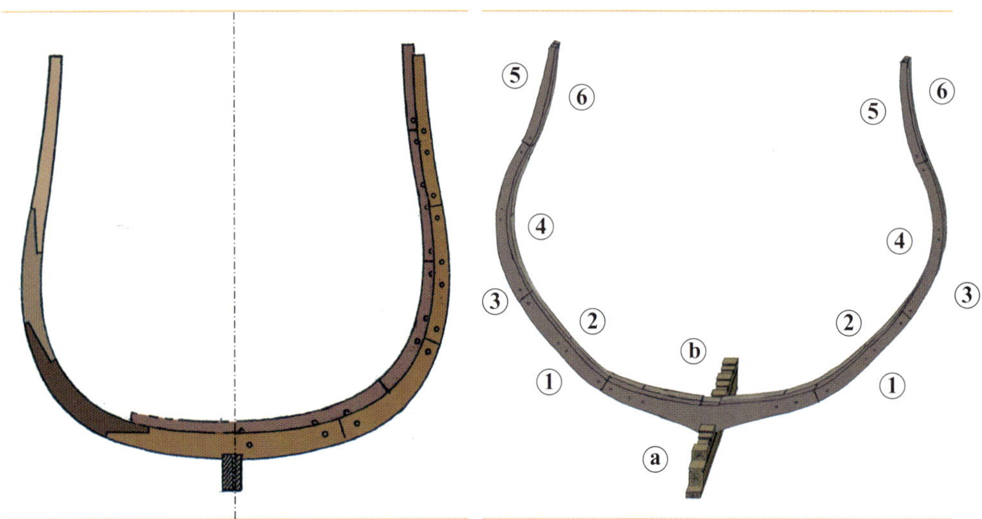

Schéma comparatif des assemblages de la membrure : *à gauche membre réalisé avec écart long, gros consommateur de long bois tors, à droite membres assemblés décalés en couples.* JMB d'après Fréminville.

Schéma quille et membrures.
*Varangue (**a**), demi-varangue (**b**), genoux (**1** et **2**), allonges (**3** et **4**), allonges de revers (**5** et **6**).*

Les couples de levée sont les principaux couples et les premiers mis en place. Ils serviront de guide pour la réalisation des couples intermédiaires.
Les couples « dévoyés » ou « élancés » à l'avant et parfois à l'arrière ne sont pas dans des plans perpendiculaires à la quille, mais en demi-plans obliques perpendiculaires non plus à la quille mais au bordé pour suivre le pincement du bordé vers l'étrave. Cela diminuait fortement les équerrages ; la section du couple au lieu d'être losangique, consommant beaucoup de bois, peut à nouveau être carrée.
Des couples de remplissage placés entre les autres couples ou « fourrures » uniques ont pour but de réduire la maille (voir maille et boulet).

La membrure

C'est la totalité des membres ou couples d'un navire. La carcasse achevée, membrure en place, le bateau est dit « monté en bois tors » ou « boisé ». Si les couples de remplissage sont mis en place, il est dit « boisé en plein ».

Détail d'un couple

- La « varangue » est la base du couple et reposera sur la quille. Elle est symétrique et se prolonge par des pièces dites « allonges » numérotées en nombres impairs.
- Deux « genoux » symétriques formeront avec la demi-varangue la base du deuxième plan du même couple ; ils se prolongeront également par des allonges numérotées en nombre pair.
- Les genoux de revers correspondent à la rentrée ou rétrécissement de la muraille.

Cette méthode de boisage a été modifiée au début du XIXe siècle pour économiser des bois courbes, la varangue est devenue asymétrique à deux branches inégales, ayant ainsi une forme de pipe. La branche courte se prolongeait par un genou puis des allonges et la branche longue par des allonges. Ainsi les deux faces d'un couple sont quasiment identiques mais inversées puis assemblées.
Les varangues étaient dites « plates » dans la partie médiane du navire, « acculées » lorsqu'elles commençaient à prendre un angle plus prononcé, et dites « fourcats » aux deux extrémités, poupe et proue. Les varangues plates des vaisseaux ont un léger acculement (angle) ; il est plus prononcé pour les frégates pour les empêcher de dériver ce qui augmente le tirant d'eau.
Les charpentiers de marine recherchaient volontiers des fourches de chêne pour y tailler leurs fourcats. Mais cette pièce monobloc ne s'est pas toujours révélée aussi solide qu'espéré, car l'enfourchement naturel d'un arbre manque de fibres transversales entre les deux anciennes

Gros fourcat en forêt du Gâvre.

branches ; les forestiers savent bien qu'un arbre fourchu à souvent tendance à s'ouvrir lors d'un coup de vent. Pour les fourcats en deux pièces de l'arrière et les varangues acculées de l'avant, on a alors réalisé de solides assemblages à « patte de loup ».
Les couples sont taillés dans des bois tors ou « courbants » difficiles à trouver surtout dans de fortes dimensions comme celles nécessaires pour l'*Hermione*.

1 *Un fourcat ou varangue en « V » dite « acculée » en place.* Photo AH.

2 *Schéma d'un fourcat d'assemblage à « patte de loup » en absence de fourcat monobloc.*

3 *Assemblage à « patte de loup », fierté des deux charpentiers devant leur sculpture.* Photo AH.

Assemblage d'un couple

À l'aide du gabarit en planche de sapin venant de la salle des tracés, les différentes pièces du « premier plan » du couple sont chantournées, ajustées, parfaitement équerrées[9] et enfin assemblées. Le « second plan » lui sera alors superposé et ajusté de même. Les deux plans seront alors serrés l'un contre l'autre à l'aide d'une « bridole » faite de cordages bridés par des coins de bois... les presses à vis d'aujourd'hui sont plus rapides et efficaces.
Ils étaient définitivement assemblés à l'aide de chevilles de fer ou « goujons » enfoncées à la masse après perçage d'un avant-trou. Parfois ces goujons étaient

[9] L'équerrage consiste à donner au couple le léger angle nécessaire pour avoir un parfait « lissage » d'un couple au suivant, afin d'avoir un parfait contact de celui-ci avec le bordage.

enfoncés en obliques contrariées en alternance pour éviter le désassemblage.

Le couple terminé au sol était rigoureusement identique au gabarit. Il ne fallait pas qu'il risque de se déformer par son poids très lourd et les manipulations dont il allait être l'objet ; son écartement ou « ouverture » était maintenu constant par clouage de trois « planches d'ouverture ».

Lorsqu'un couple était terminé, il servait de plate-forme ou d'établi au suivant qui était construit en superposition car on manquait toujours de place sur le chantier. Ainsi se constituaient des piles de quatre ou cinq couples superposés le plus près possible de la quille ; certains étaient montés à plat sur la quille et n'avaient plus qu'à être redressés verticalement.

Mise en place ou « levée » d'un couple

Le couple achevé et consolidé par ses planches d'ouverture, pouvait alors être hissé à sa place définitive. Cette manœuvre était très délicate car un couple terminé, pesant près de 1,7 tonnes, est constitué de 14 pièces lourdes aux assemblages minutieux qui risquaient de fatiguer ou d'être fragilisés.

Parfois les grands couples très lourds, au lieu d'être montés en entier, étaient scindés en trois parties, on posait d'abord l'ensemble varangues et genoux puis les allonges d'un bord et de l'autre.

Dans la salle des tracés, préparation des gabarits en contreplaqué. Photo AH.

1. *Préparation d'un couple sur sa grille de montage. Pose de la demi-varangue sur la varangue.*

2. *Pose de la première allonge ou genou.*

3. *Perçage et pose d'une broche pour l'assemblage de deux pièces d'un couple.*

4. *Détail de la contre-quille entaillée pour recevoir la base d'un couple, varangue et sa demi-varangue. Notez en dessous, le trait de Jupiter de la quille et encore en dessous la fausse quille reposant sur un tain.*

5. *Détail de la base d'un couple, entaille correspondante de la varangue et de la demi-varangue.*

6. *Mise en place d'un couple.*

7. *Pour l'*Hermione *d'aujourd'hui, le pont roulant de 5 tonnes a facilité grandement la mise en place des couples.*

Toutes photos AH.

Balancement, perpignage et parage

Une fois en place, le couple doit être fixé définitivement, bien symétriquement, c'est le balancement, et perpendiculaire à la quille dans les deux sens, c'est le perpignage.

Le parage est le lissage par rabotage pour obtenir l'alignement parfait des couples avant pose des bordages et vaigres. Le lissage est guidé à partir des couples de levées par des lisses ou lattes de bois.

1. *Couple dévoyé de l'avant.* Photo AH.
2. *Parage ou lissage des couples à l'intérieur avant la pose des vaigres.* Photo Asselin.
3. *Contrôle au fil à plomb du balancement.* Photo AH.

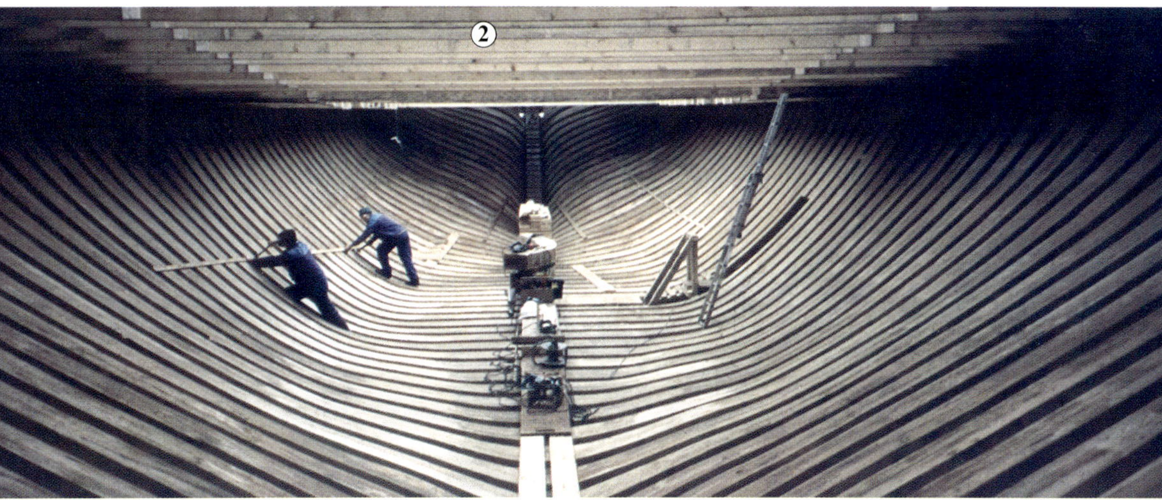

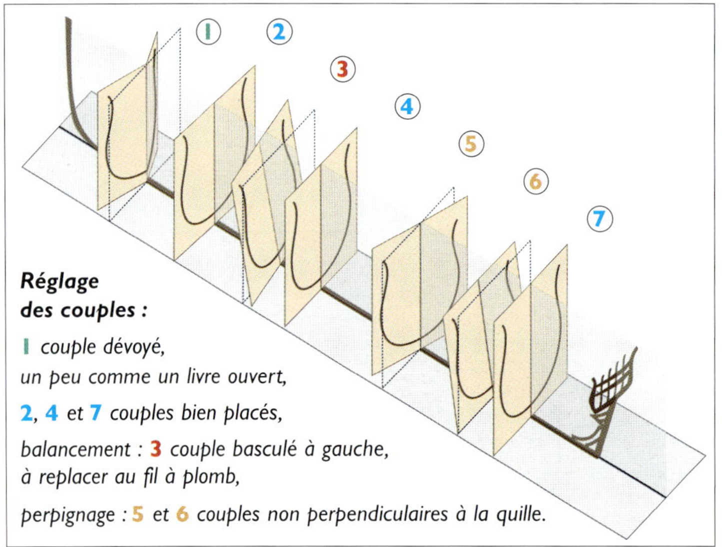

Comment était « ordonné » un chantier

Après avoir fixé sur la quille l'étambot et l'arcasse, et à l'avant l'étrave, le maître-couple était le premier posé, puis venaient les couples de levée et enfin tous les couples intermédiaires et ceux de remplissage ; pour tous on appelait premier plan celui tourné vers le maître-couple et second plan celui tourné vers l'extrémité avant ou arrière du navire.

Pour l'*Hermione* d'aujourd'hui l'ordre ancien a été modifié, les 62 couples ont été posés en continu à partir de l'arrière, dans l'ordre de leur numéro. Ceci car la précision des plans, du tracé et de fabrication des couples dus aux procédés modernes, autorise le montage logique et compréhensible en continu avec des ponts roulants.

1. *Pour éviter leur déformation, les couples sont consolidés provisoirement par les « planches d'ouverture », diagonales et transversales que l'on dirait prêtes à recevoir le plancher d'un pont ; elles seront remplacées par les baux des trois ponts.*

2. *Les couples ont été ici posés en continu à partir de l'arrière.
Notez de ce fait la technique des entretoises ou cales d'épaisseur qui assurent le parallélisme des couples et facilitent le réglage.* Photos AH.

Beauté des couples de l'arrière, et du marsouin à droite et au fond, de l'arcasse et ses barres horizontales.

L'étrave

L'étrave est constituée de deux épaisseurs, l'étrave et la contre-étrave, taillées dans des pièces de bois courbes et assemblées par des écarts en trait de Jupiter décalés pour éviter tout point de faiblesse. Une courbe spéciale, le « brion », fixée sur la quille en son extrémité, va renforcer l'étrave ou lui servir de point de départ. Le brion exige une courbe de très fort échantillonnage très difficile à trouver. À défaut la première pièce de la contre étrave servira de brion et sera alors de forte dimension. Des sur-épaisseurs ou « apôtres » seront ajoutés de part et d'autre de l'étrave, comme des sortes de derniers couples dévoyés, pour consolider la fixation des bordages. Autrefois l'ensemble étrave contre-étrave et apôtres était monté et chevillé au sol puis dressé et fixé sur la quille, enfin maintenu en position par des « accores ». La râblure de l'étrave recevra les bordages.

1 *Mise en place de l'étrave liée à la contre-étrave, sur le brion en bout de quille, le 2 octobre 1999.* Photo AH.

2 *À la base de l'étrave, en forme d'escalier, le départ du massif avant sera constitué des allonges d'écubier. Notez également les couples de l'avant très « dévoyés ».* Photo AH.

3 *Belle sculpture en escalier, les deux « épis de blé » accolés (bâbord et tribord) avant leur pose.* Photo AH.

Massif de l'avant du navire

1. *Le massif de l'avant vu de l'extérieur. Les lisses préfigurent le bordé qui va recouvrir les allonges et les couples.*

2. *Le massif de l'avant terminé constitué des allonges d'écubier. Vue prise de l'intérieur.* Photos AH.

Comme des doigts serrés ou deux paumes de mains de part et d'autre de l'étrave et de ses apôtres, et jusqu'aux couples dévoyés, le massif de l'avant est constitué de membres de remplissage jointifs. Les allonges d'écubier[10] font partie de cet avant et démarrent d'une extraordinaire sculpture en « épi de blé ». L'avant sera complété par la guibre (voir pages 86 et 87).

Les guirlandes

Sortes de varangue ou de porque horizontale, elles vont renforcer ce massif par l'intérieur ou supporter l'extrémité des ponts. Les allonges d'écubier verticales, recouvertes des bordages, vont être prise « en sandwich » entre les guirlandes et les courbes de jottereaux, toutes deux horizontales.

L'une des guirlandes du massif avant. Celle-ci, au niveau de la batterie, correspondra de l'autre côté du massif avant, aux courbes de jottereau de la guibre ; longue de 4 m et pesant 980 kilos, elle sert d'appui au beaupré. Photo AH.

[10] Les écubiers sont deux ouvertures sur l'avant pour le passage des câbles d'ancre qui seront protégés par des « coussins » en « bois de sap. », appellation en marine des bois résineux, pins ou sapins.

La peau du navire

Les bordages

La peau du navire est fixée sur les couples formant la carcasse, elle est en madriers, fortes planches assurant son étanchéité. Les « bordages de carène » sont ceux de l'extérieur par opposition aux vaigres placés à l'intérieur. De forts bordages, les « préceintes » renforcent la structure. En général les bordages des fonds, les préceintes, les serres et les vaigres sont en chêne ; parfois ceux des fonds peuvent être en hêtre, ceux des hauts en résineux moins lourds. On appelle galbord la première virure qui touche la quille et s'encastre dans la râblure, et ribord la suivante. La râblure est l'entaille recevant le galbord, elle est taillée à l'herminette dans la quille comme dans l'étambot et l'étrave. L'ensemble des bordages forme le bordé.

Sous la membrure terminée, coque « montée en bois tors », les lisses préfigurent le bordé de chêne qui va venir les recouvrir et assurer l'étanchéité.

L'épaisseur des bordages et vaigres

De 15 à 25 mm pour les petites coques, l'épaisseur des bordages monte jusqu'à 320 mm pour les grands vaisseaux du XVIIIe siècle. Ceux de l'*Hermione* ont 74 mm, notamment dans les fonds, et 162 mm pour les préceintes, les bauquières et les serres d'empature et sont tous en chêne.

Étuvage et « ployage » des bordages

Autrefois chauffés directement au feu, la mise en forme des bordages s'est ensuite faite à la vapeur. Il faut parfois deux passages pour les fortes courbures. Les très fortes courbures de l'arrière notamment ne sont pas possibles et les bordages sont alors taillés dans des bois naturellement courbés « en pipe ».

Ployage des bordages par chauffage d'après Duhamel du Monceau.

L'étuve et la table à vérins multiples pour ployer les bordages. L'étuvage dure trois heures pour les bordages de 74 mm et cinq pour ceux de 162 mm.

Dans un premier temps, les bordages sont posés à claire-voie, car compte tenu de la durée du chantier le bois sèche ; les derniers bordages ou clores, pour fermer le bordé sont posés peu avant la mise à l'eau.

Le chevillage du bordé

Les bordages sont fixés sur la membrure par de très gros clous en bronze ou en fer, appelés broches ou carvelles, et surtout par de grosses chevilles en chêne tournées ou « gournables » ayant l'avantage d'être moins lourdes et de ne pas rouiller. Après perçage, la gournable enduite de brai est enfoncée à force de l'extérieur vers l'intérieur fixant le bordage sur le couple. Parfois, fendue à son extrémité, elle traverse toute la muraille, vaigres comprises, et un coin ou « épite » la coince. Sur l'*Hermione*, la fixation a été réalisée avec des broches en bronze de 135 mm en pavois, de 178 mm pour les bordages d'œuvres vives et 270 mm pour les préceintes plus épaisses.

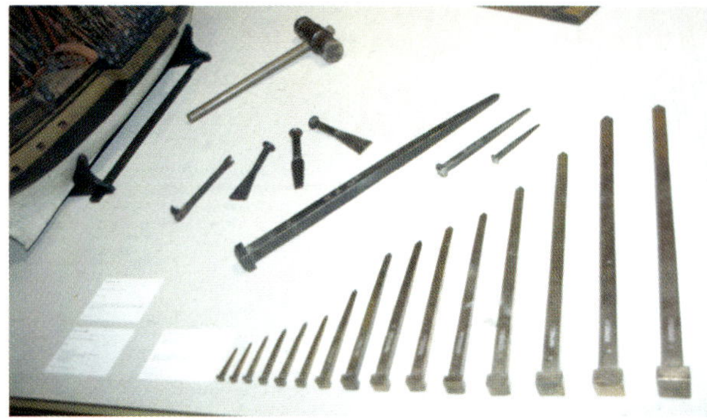

Série de clous ou broches de fixation des bordages sur les membres, forges de Romilly-sur-Andelle vers 1810. En haut, trois en fer, et en bas série en cuivre de 6 à 60 cm. Musée national de la Marine Paris, photo JMB.

Les vaigres

Les bordages internes d'une coque, fixés sur les couples par des broches de 178 ou 270 mm, s'appellent des vaigres. Le vaigrage est à la fois l'ensemble des vaigres et l'opération de leur pose. Les serres d'empature[11], plus épaisses, viennent recouvrir les varangues ou genoux et renforcer longitudinalement la coque, elles seront boulonnées avec les bordages au travers des varangues.

Les vaigres étaient si soigneusement ajustés qu'ils formaient une véritable double coque interne.

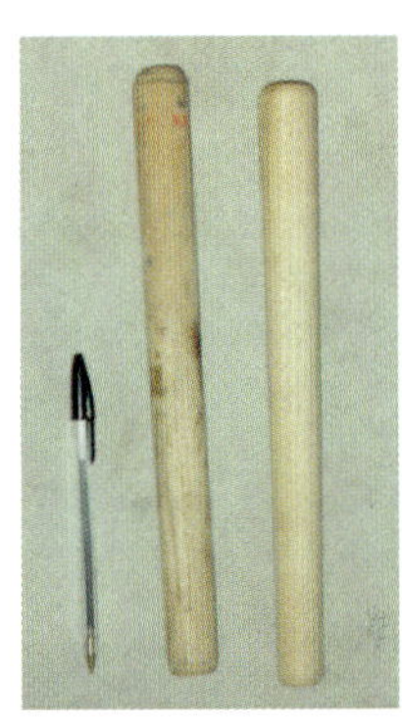

Gournables en bois.

[11] Appelées « vaigres d'empature » au XIXe.

Vue vers l'arrière, pose des « vaigres d'empature » ou « serres d'empature » ; plus épaisses, elles renforcent longitudinalement le fond de coque. Photo AH.

Les autres vaigres sont posées ensuite pour constituer une double coque. Notez les bauquières juste sous les baux.

Les bauquières

Ce sont de fortes vaigres posées parallèlement aux ponts ; elles servent de support aux baux des ponts.

La muraille : la maille et le boulet

La muraille ou flanc d'un vaisseau de guerre atteignait jusqu'à 80 cm d'épaisseur de chêne, bordé extérieur, membrure et bordé intérieur (vaigrage). Le point faible de cette muraille qui protégeait les canonniers est « la maille », intervalle entre les membres, souvent de l'ordre de 3 à 6 cm. Les instructions imposaient qu'elle soit inférieure au diamètre des boulets de l'artillerie embarquée[12]. La muraille était donc renforcée en ses points faibles par des « couples de remplissage » voire fermée au niveau des batteries par des « fourrures ».

Sur l'*Hermione* l'épaisseur était de 45 à 55 cm selon les endroits et la maille de 9,5 à 10,5 cm pour un boulet de 12 cm, (noté sur l'épave).

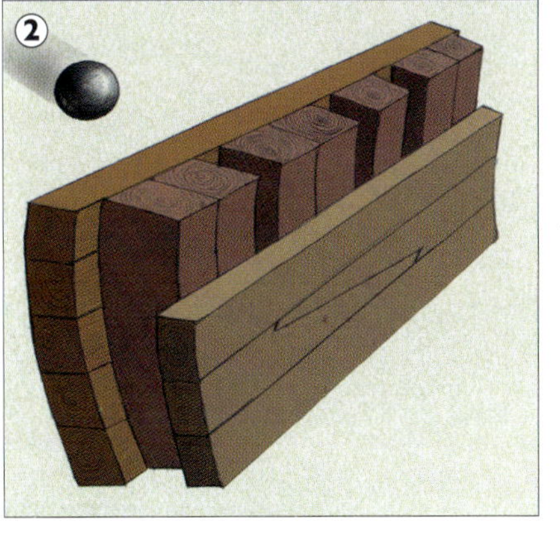

1. *Détail de la maille de l'*Hermione.

2. *La maille devait être inférieure au diamètre du boulet. Notez la double largeur de la maille pour alléger parfois les frégates.*

[12] Fréminville précisait encore en 1864 « ... afin que jamais un boulet ne pût traverser la muraille sans rencontrer... la membrure et éprouver de sa part une résistance propre à atténuer ses effets destructeurs. »

Étanchéité et protection

Le calfatage

*Jean-Luc Durand, calfat en action sur l'*Hermione. *Photo AH.*

Chaque « couture » entre deux bordages doit être remplie d'étoupe et mastiquée ou goudronnée, c'est le calfatage ; mais avec un bordé de 7 cm d'épaisseur il faudra au moins trois passages pour bien remplir la couture. Le produit utilisé dans la construction navale était un mélange de mastic classique et d'étoupe. En y ajoutant du minium protecteur, on obtient le « blious » utilisé comme mastic d'assemblage de la charpente.

Le brai

Il provient de la résine des pins et sert à l'étanchéité et au calfatage, mélangé avec du suif, il donne le brai gras servant à l'étanchéité des hauts, à imperméabiliser les toiles d'étambrai et à la protection des aussières.

La peinture

1. *Maquette de l'*Hermione *au 1/36ème dans ses couleurs traditionnelles, détails du pavois et de la batterie, œuvre de Jean-Claude Cossais.*

2. *Badigeonnage à l'huile de lin pour préserver le bois, ici dans la grande chambre. Notez à gauche la porte de la bouteille – commodités du commandant et de… La Fayette.*

La peinture était un mélange d'huile de lin et de siccatif avec :
- soit de l'ocre rouge ou de l'ocre jaune, le rouge et le jaune étant les couleurs traditionnelles au dessus de la flottaison[13], pour les marines de guerre,
- soit du noir de fumée pour les œuvres vives.

Avant la mise en peinture de la réplique et compte tenu de la longue durée du chantier, le bois est abondamment imbibé d'huile de lin pour le protéger et ralentir la dessiccation, puis des peintures modernes plus résistantes sont utilisées.

Doublage en cuivre

Pour préserver les bordages de la piqûre des vers, le taret naval, fut imaginé la pose d'un revêtement de planches ordinaires sacrifiées et changeables le moment venu ce qui n'affectait pas la solidité de la coque, puis l'on inventa le « mailletage » qui consistait à recouvrir la coque de clous en fer à large tête jointifs. Enfin on en est venu à un doublage en feuilles de cuivre qui avait en outre l'avantage d'éviter les salissures, algues et coquillages s'accrochant à la carène et ralentissant le bâtiment qui, après un an de navigation, traînait une forêt d'algues que l'équipage essayait de racler au mieux avec des « gorets », brosses tirées par des cordages.

La pose, sur toute la partie immergée, intervient sur une coque rabotée, enduite de brai gras en bandes parallèles ; elle est faite de l'arrière à l'avant et de la ligne de flottaison à la quille, chaque feuille recouvrant la précédente de quelques centimètres, comme des écailles de poisson. Des « clous à doublage » fixent les feuilles de cuivre pour éviter leur arrachement pendant la marche du bâtiment. L'oxydation du cuivre en vert de gris le protège et c'est lui qui, par sa toxicité, empêche les coquillages et les algues de se fixer. Le doublage en cuivre alourdit le vaisseau d'un centième, mais il augmente sa vitesse de 1/5. Très coûteux, il accroit le prix du bâtiment d'environ 20%. La frégate anglaise *Alarm* fût la première à en être équipée en 1761, puis il commença à être développé en France en 1778 avant d'être étendu à toute la marine de guerre au XIXe. Le doublage de l'*Hermione* en novembre et décembre 1779 nécessita 1 100 feuilles ; le cuivre anglais était livré laminé à l'île de Ré. La réplique sera comme l'original à son « neuvage », non doublée.

1. *Taret naval et résultat de ses piqûres.*

2. *Bâtiment de guerre doublé en cuivre.* *Musée national de la Marine Paris, photo JMB*

[13] Le pavois de l'*Hermione* aurait pu être peint en bleu, couleur coûteuse mais peu discrète en l'occurrence, réservée au roi et à ses émissaires.

Les ponts et leurs bordages

Le plus grand soin était aussi apporté à la réalisation des ponts, toit du navire, soumis au soleil et à la pluie, devant être étanches pour le confort de l'équipage. Ils sont en sapin sauf les ponts de batterie pour lesquels la zone de roulement des canons se devait d'être en chêne, résistant à l'usure, car les ponts en pin perdaient déjà un millimètre en 8 ou 9 tirs ! Cependant ceux de notre réplique seront refaits en douglas pour les gaillards et pont de batterie, et en chêne pour le faux pont. Les ponts sont portés par des poutres légèrement arquées[14] appelés « *baux* » qui lient les deux bords du navire. Ils reposent sur les bauquières de la muraille, sont confortés par les courbes de baux et sont soutenus par des poteaux verticaux les « *épontilles* ». Des épontilles à marches[15] permettaient la circulation des marins en cas d'enlèvement des échelles ou escaliers pendant certaines manœuvres.

L'*Hermione* est équipée de trois ponts superposés, de bas en haut, le faux-pont ou entrepont, le pont de batterie (pont principal) et le pont de gaillard ne couvrant pas la totalité de la frégate.

Coupe détaillée de l'Hermione, vue oblique de la membrure et des trois ponts.

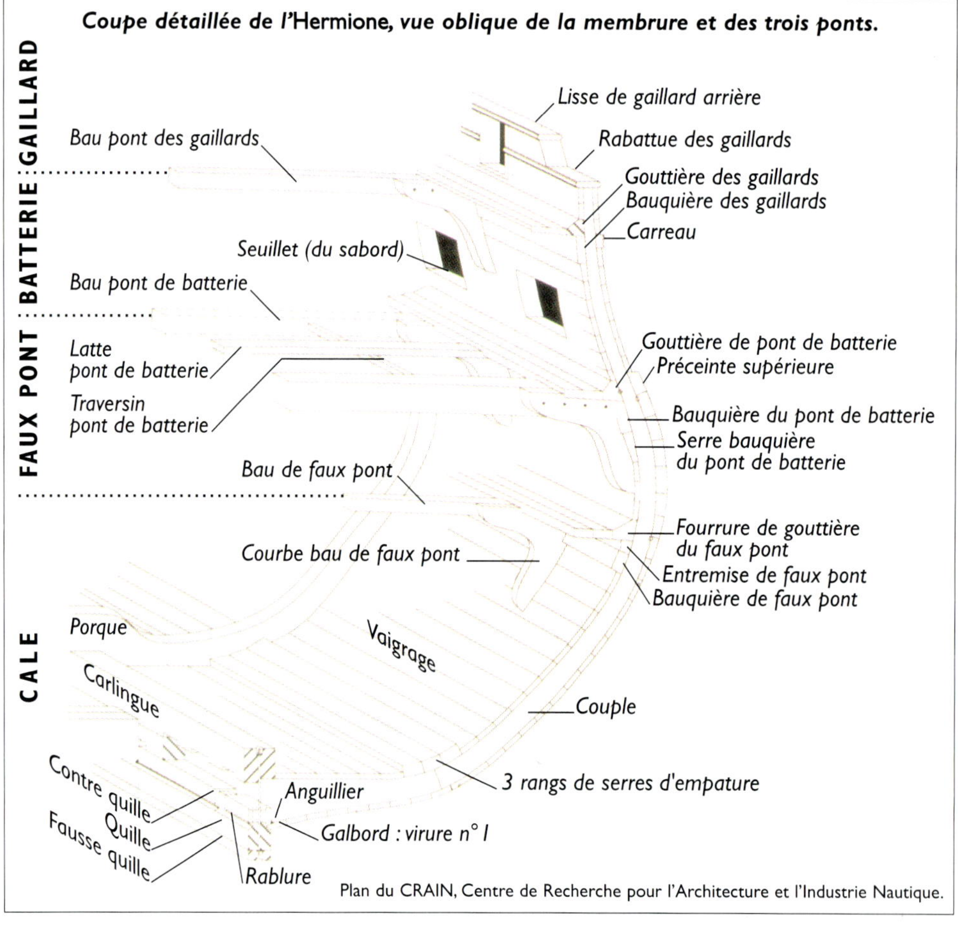

Plan du CRAIN, Centre de Recherche pour l'Architecture et l'Industrie Nautique.

14 Le bombé du pont permet l'écoulement des eaux de pluies et des paquets de mer.
15 Profondes de 8 cm et haute de 30 cm.

La batterie, reconnaissable aux sabords, est éclairée et aérée, notamment lors des tirs, par cinq caillebotis dans le pont de gaillard ; notez au-dessus, les baux portant le pont, et les épontilles (poteaux) verticales escamotables, nous sommes au niveau du grand cabestan. En dessous se trouve l'entrepont, ou faux pont, où l'équipage dormait dans des hamacs.
Photo AH.

Pont supérieur ou pont de gaillard avec ses bittons de hunier, devant l'emplacement du mât de misaine, pour la manœuvre du gréement.

Rigidité de la coque : liaisons et déliaisons

Liaisons et perçage

L'assemblage des pièces de charpente était consolidé par des broches métalliques de grande longueur. Le perçage était exécuté une fois le boisage terminé, carcasse achevée. Sur les frégates le perçage pouvait atteindre quatre mètres dans les massifs d'étambot, on imagine la difficulté de l'opération avec les mèches de l'époque ! Les fers étaient alors introduits à force et rivés pour assurer le serrage de l'ensemble et rigidifier le bâtiment.

Perçage de massif de chêne, les plus longs ont été de 2,95 m pour la guibre et de 3,75 m pour l'étambot.

Schéma du massif d'étambot (arrière).

Déliaisons dangereuses...

Les opérations de perçage et de mise en place des fers coûtaient très cher et étaient très contrôlées pour éviter les fraudes lorsqu'il s'agissait de la construction de frégates par des particuliers sous marché public. Lorsqu'un vaisseau se déliait, parfois dès la première navigation ou après de mauvaises tempêtes, on rajoutait des courbes de liaisons et des broches. Des vaisseaux de 74 canons, le *Suffren* construit trop rapidement à Nantes en 1804, ou le *Regulus* construit à Lorient, durent recevoir de nouvelles courbes de liaisons à Brest. De nombreux vaisseaux ont sombré lors de tempêtes en prenant eau de toutes parts. Ainsi coula le *Cygne* le 5 janvier 1648 dans le golfe de Naples. Pire près de Belle-Île, Tourville ramenant quatre vaisseaux dont le *Sans Pareil* et le *Conquérant*, fit mettre les canons en cale pour alléger les hauts, et cercla les coques avec de gros cordages, comme pour une barrique fatiguée ... mais ils sombrèrent tous les deux. Par suite de défauts de liaisons dans la membrure ou un début de corrosion des fers, les bordages perdaient leur étanchéité.

Corrosion : fer ou cuivre... mais jamais fer et cuivre

Dès la mise à l'eau du navire, l'humidité ambiante et le tanin du chêne attaquaient le fer ; le chevillage perdait de sa tenue par désagrégation du fer et du bois, le navire se déliait et le goujon finissait par se corroder, voire se couper au niveau de l'interface du couple. C'est pourquoi au début du XIXe siècle l'assemblage s'est fait avec des tampons cylindriques en bois dur sans tanin. Cela contribue à sa solidité et surtout isole la cheville de fer du tanin du chêne à son endroit le plus sensible, entre les deux plans du couple. Après perçage des avant-trous destinés aux chevilles, on désassemblait pour creuser, exactement dans le même axe, l'emplacement destiné aux tampons où ils étaient insérés ; puis l'ensemble était ré-assemblé, les tampons percés et les chevilles enfoncées.

Le fer utilisé pour tous les assemblages se corrodant vite a parfois été remplacé par du cuivre ou du bronze surtout quand les navires ont reçu un doublage en cuivre ; en effet le fer des goujons fait pile[16] avec les feuilles de cuivre, rendant impossible les assemblages en fer. L'*Hermione* traditionnellement chevillé en fer connut ce problème après son doublage en cuivre, ce qui la condamnait à une vie brève... mais brillante ! Pour ce motif, on a utilisé le bronze pour la réplique.

Rigidité de la coque, une lutte permanente

La rigidité de la coque vient de la conception de sa carcasse, quille et membrure, de celle de son assemblage et de son bordé monté très serré et calfaté. Elle est renforcée par le vaigrage, serré et aussi étanche que le bordé, agissant comme le troisième pli d'un contreplaqué.

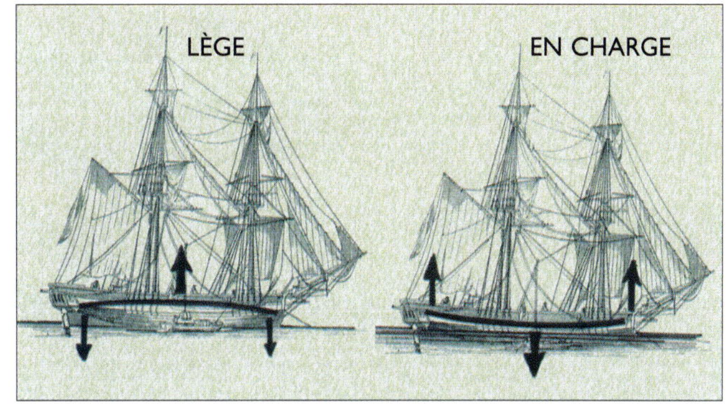

En charge ou lège (à vide), sous voiles, gîtant d'un bord puis de l'autre, la coque souffre sans parler des tempêtes qui la secouent dans tous les sens.

L'allongement de la coque au fil du temps multipliait les assemblages au détriment de la rigidité des navires soumise à de très fortes sollicitations. D'où l'importance de la qualité de la construction et des liaisons. Les bateaux comme les maisons disposent d'étages avec des poutres, les baux, et des poteaux verticaux les soutenant appelés épontilles : cette structure interne de poutres et de poteaux est déformable comme un losange non triangulé (au milieu du XIXe siècle on inventa des liaisons diagonales triangulant et rigidifiant la coque[17]). Comment la rigidifier et empêcher sa déformation ? En sus des courbes, équerres internes, on a placé des cornières longitudinales, les *gouttières* ou *fourrures de gouttière*, forte ceinture de chêne, qui renforce la liaison ponts muraille, et canalise l'eau mouillant les ponts pour la conduire jusqu'aux dalots. Cette forme de gouttière convenait bien aussi aux roues des affûts qui devaient être avancés au maximum pour augmenter les angles de tir.

Pour éviter l'infiltration d'eau dans les ponts inférieurs, la gouttière sera bien calfatée.

[16] Électrolyse avec l'eau de mer.

[17] Système Arman, voir Fréminville.

La gouttière, ou fourrure de gouttière, cornière de renfort, avait une forme adaptée aux roues de canons.

Pose d'une gouttière.
Photo AH.

La gouttière, ici celle du pont de batterie, est percée d'un dalot d'évacuation des eaux, un pont étant le toit du navire.
Photo AH.

Épontilles de fond de cale : la première et la seconde sont des épontilles à marches, la troisième est une épontille à bras. Au centre une porque et ses six anguilliers, orifices pour l'évacuation de l'eau de fond de cale vers les pompes.

Les porques

La cale terminée, vue des 5 porques – épais couples en forme de banane – rajoutées sur le vaigrage et la carlingue. Notez les serres d'empature avec leur anguillers pour la circulation de l'eau vers les pompes de fond de cale.

Ces sortes de varangues voire de couples de renfort rajoutés sur les vaigres, seront un quatrième pli. La carlingue ayant une épaisseur double de celle d'autrefois, les porques ont suivi prenant une forme bossue assez compliquée.

Enfin des coins ou « clefs » peuvent être introduits de force dans la maille entre les couples pour les bloquer, les serrer, augmentant encore cette rigidité. L'ensemble est ainsi totalement « arc-bouté ». Mais tout cela ne tiendra à la longue que si les broches de liaisons résistent à la corrosion.

La porque la plus en avant, notez qu'il s'agit bien d'une réalisation en « couple », double, dont on voit les jonctions (assemblage). En premier plan à droite une épontille à marches, profondes de 8 cm et hautes de 30, pour la circulation des marins lorsque les échelles ou escaliers sont enlevés.

Pour achever la coque, la guibre

Une fois la coque terminée et bordée, son avant va être prolongé de la guibre[18] qui tiendra le beaupré et les étais de mâts. Le sommet de la guibre ou éperon, tout à l'avant de la proue, est décorée de dorures et de la figure de proue, un lion pour l'*Hermione*.

La guibre comprend deux parties.

La première est une charpente axiale montée dans le plan de symétrie en prolongement de la fausse quille ; elle est constituée de multiples pièces fixées entre-elles et sur l'étrave par tenons et mortaises. La courbe de capucine la lie à l'étrave et sert d'accroche aux étais du grand mât.

La seconde va contreventer latéralement la première, par les « dauphins » ou courbes de jottereaux et les « herpes » ou « lisses de herpes » partant de la muraille, près des bossoirs. Sur cet ensemble est installé le plancher à caillebotis de la poulaine, où l'équipage trouve latéralement ses commodités, lavées à grande eau par les vagues et embruns d'étrave... celles des officiers étant dans les « bouteilles » à l'arrière.

Le beaupré est fixé sur la guibre par des liures passant dans des trous, « les gueules de raie ». En dessous des sous-barbes le fixent à l'étrave.

Plan de détail du montage de la guibre

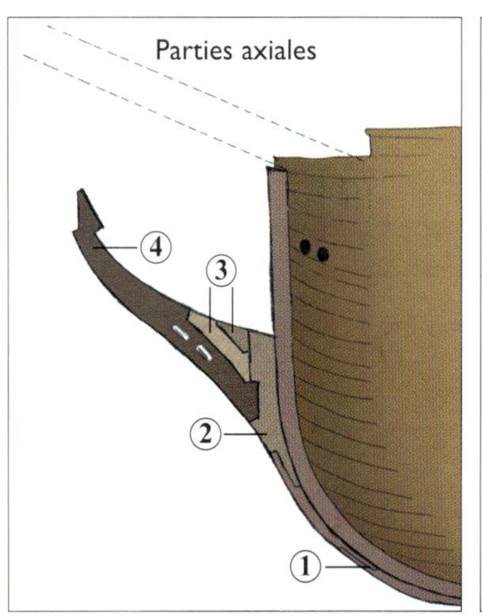

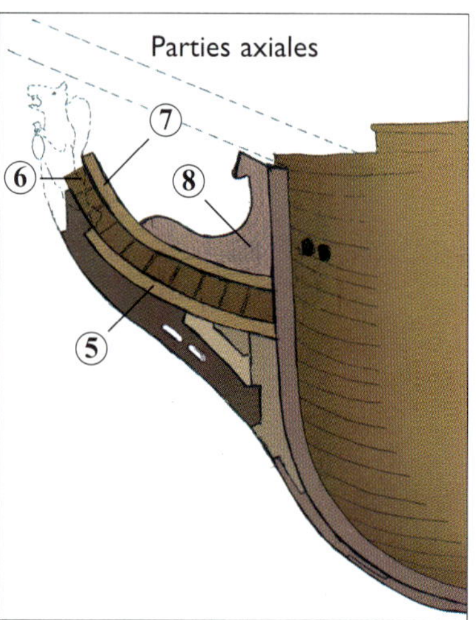

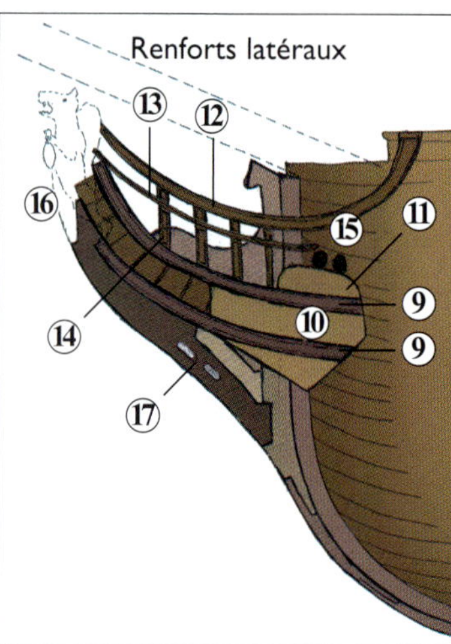

Parties axiales

1. *Pose sur l'allonge de fausse quille du taquet de gorgère*
2. *de la gorgère*
3. *des deux contre-gorgères*
4. *du taille-mer*
5. *du digon inférieur*
6. *de la frise*
7. *du digon supérieur*
8. *de la courbe de capucine*

Renforts latéraux

9. *dauphins ou courbes de jottereaux*
10. *remplissage d'entre ces courbes*
11. *coussin de protection des aussières*
12. *grande herpe*
13. *petite herpe*
14. *jambettes verticales*
15. *orifices des écubiers*
16. *figure de proue*
17. *gueules de raie*

[18] Mot venant de guivre ou vouivre, signifiant partie recourbée de l'étrave, en forme de serpent, connue depuis les drakkars dont la proue portait déjà une tête de serpent ou de dragon pour terrifier l'adversaire.

*Modèle de l'*Hermione *au 1/18ème de Jean Thomas : guibre. Les courbes de jottereaux ou dauphins viennent d'être mis en place.* *Photo Jean Thomas.*

*Maquette de l'*Hermione *au 1/36ème de Jean-Claude Cossais, détails de la guibre terminée.*

*Modèle de l'*Hermione *au 1/18ème de Jean Thomas. La guibre presque terminée avec sa figure de proue, la grande herpe est présentée.*

Mâture

Un marin est installé en surveillance sur la grande hune ; des gabiers grimpent dans les enfléchures du grand mât et un autre sur les enfléchures du mât de hune vers le mât de perroquet.

Mât d'artimon	Grand mât	Mât de misaine
Mât de perruche	Grand mât de perroquet	Petit mât de perroquet
Mât de hune d'artimon	Grand mât de hune	Petit mât de hune
Bas mât d'artimon	Grand bas mât	Bas mât de misaine

Pont de gaillard

De l'arrière vers l'avant : sur le pont notez les cages à poules, la roue du gouvernail avec le timonier et un officier, le mât d'artimon, l'escalier de l'état-major, le grand mât, les embarcations empilées, le petit cabestan et le mât de misaine.

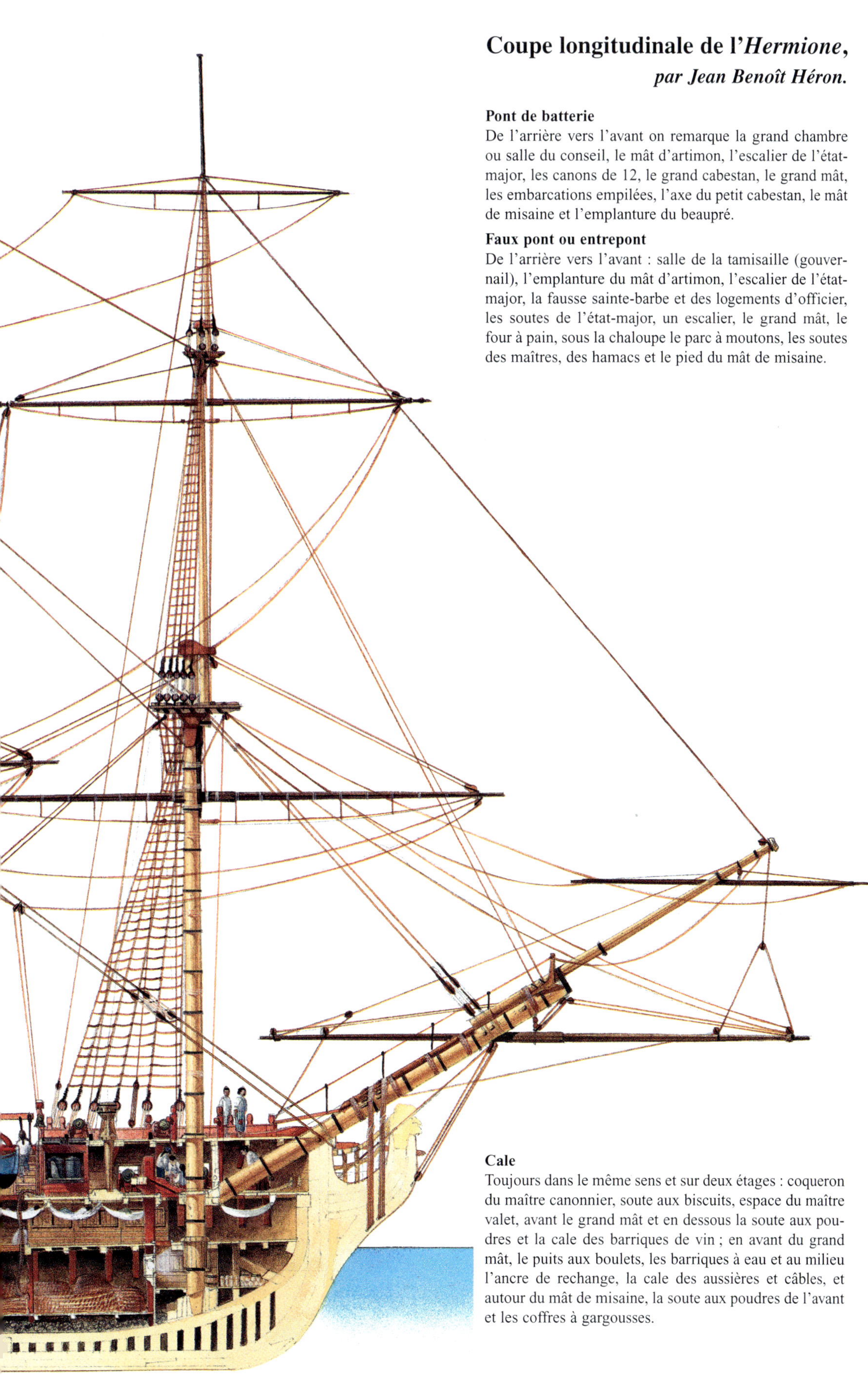

Coupe longitudinale de l'*Hermione*,

par Jean Benoît Héron.

Pont de batterie

De l'arrière vers l'avant on remarque la grand chambre ou salle du conseil, le mât d'artimon, l'escalier de l'état-major, les canons de 12, le grand cabestan, le grand mât, les embarcations empilées, l'axe du petit cabestan, le mât de misaine et l'emplanture du beaupré.

Faux pont ou entrepont

De l'arrière vers l'avant : salle de la tamisaille (gouvernail), l'emplanture du mât d'artimon, l'escalier de l'état-major, la fausse sainte-barbe et des logements d'officier, les soutes de l'état-major, un escalier, le grand mât, le four à pain, sous la chaloupe le parc à moutons, les soutes des maîtres, des hamacs et le pied du mât de misaine.

Cale

Toujours dans le même sens et sur deux étages : coqueron du maître canonnier, soute aux biscuits, espace du maître valet, avant le grand mât et en dessous la soute aux poudres et la cale des barriques de vin ; en avant du grand mât, le puits aux boulets, les barriques à eau et au milieu l'ancre de rechange, la cale des aussières et câbles, et autour du mât de misaine, la soute aux poudres de l'avant et les coffres à gargousses.

Coupe transversale de l'*Hermione*, *par Jean Benoît Héron.*

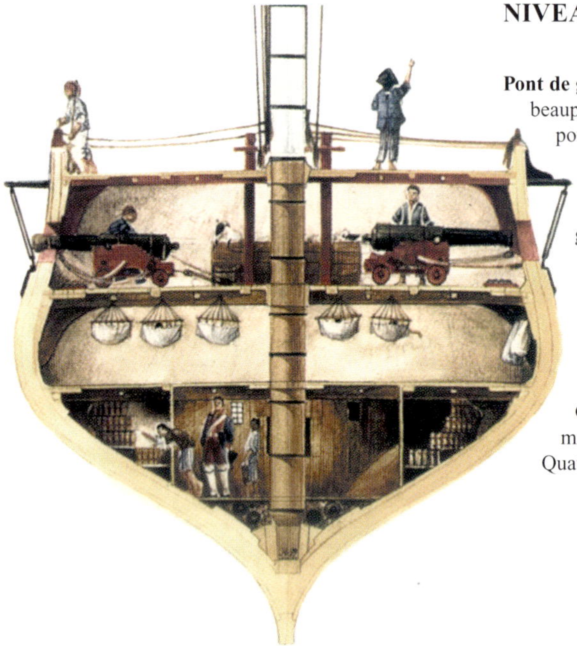

NIVEAU MÂT DE MISAINE

Pont de gaillard : pont de manœuvre du mât de misaine et du beaupré où se trouve, juste en arrière, le petit cabestan. Il pouvait y avoir deux à quatre pièces de 6. Un maître d'équipage portant le tricorne donne ses ordres.

Pont de batterie : équipé de canons de 12, les plus gros de la frégate, un canon est rentré et l'autre est en batterie, et devant eux les parcs à boulets.

Faux pont ou entrepont : on peut à peine s'y tenir debout. Cinq marins sont au repos dans les hamacs. Leurs sacs contiennent les « hardes » personnelles.

Cales : deux hommes et un mousse viennent dans le magasin à poudre chercher des gargousses.
Quatre vieux canons en fond de cale servent de lest.

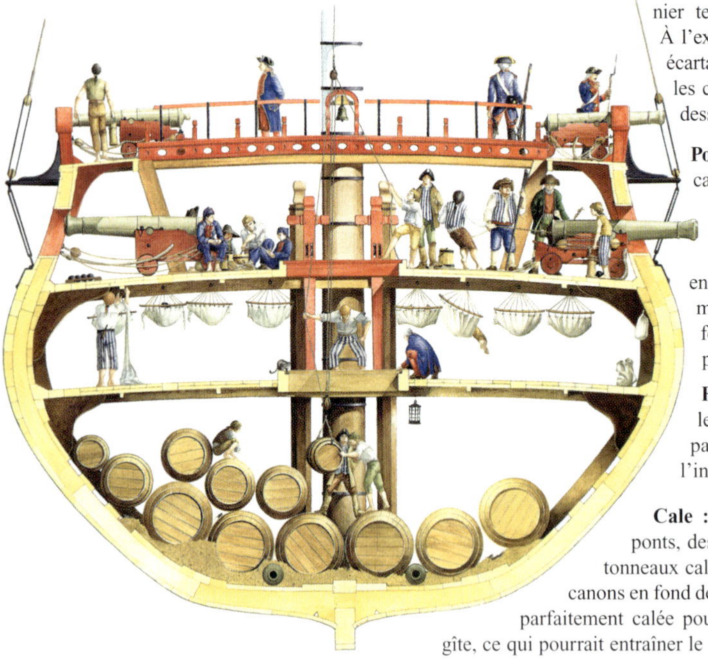

NIVEAU GRAND MÂT

Pont de gaillard : pont des officiers, équipé de canons de 6. On y voit un officier, deux soldats en arme et un canonnier tenant une gargousse de poudre à la main. À l'extérieur le porte-haubans, plate-forme de bois écartant les haubans de la muraille, en dessous les chaînes de haubans fixées sur la coque et au-dessus les 2 caps de mouton.

Pont de batterie : équipé de canons de 12. Un canon est rentré et devant lui le parc à boulet, quatre marins mangent autour du « plat commun »; sur l'autre bord trois canonniers et un mousse, gargousse en main, mettent le canon en batterie. L'un des canonniers tient la corde de manœuvre du lourd canon, et l'autre le boutefeu. Les maîtres canonniers et maîtres d'équipage se reconnaissent au tricorne.

Faux pont : huit marins sont au repos dans les hamacs et un autre installe le sien. Un chat partage avec les mousses la responsabilité de l'indispensable charge de la chasse aux rats.

Cale : par une sorte de puits traversant les trois ponts, des marins manient une barrique. Une série de tonneaux calés avec du sable ou du gravier et deux vieux canons en fond de cale font lest. La cargaison doit toujours être parfaitement calée pour éviter tout déplacement lorsque le navire gîte, ce qui pourrait entraîner le naufrage par effet de « carène liquide ».

Chapitre VI

L'armement et la finition de la frégate

La mâture

Mâts et vergues	Longueur en m	Diamètre maximum en cm	Poids en kg
Beaupré (et son bout dehors)	16,25	67,7	1 300
Mât de Misaine, hauteur totale	54		
Bas mât de misaine	24,40	67,5	3 050
Petit mât de hune	16,9	40,6	1 200
Petit mât de perroquet	12,7		
Grand mât, hauteur totale	56,55[1]		
Grand bas mât	27,07	70,4	3 400
Grand mât de hune	16,9	40,6	1 200
Grand mât de perroquet	13		
Mât d'artimon, hauteur totale	35		
Bas mât d'artimon	16,60	40,3	740
Mât de perroquet de fougue[2]	11,4		
Mât de perruche[3]	8,9		
Vergues			
Vergue de misaine	23,4	48	1 150
Grande vergue	25,5	55,4	1 525
Vergue d'artimon	23,7	40,5	960
Vergue de petit perroquet	11		80

La mâture est l'ensemble des mâts d'un bâtiment et ce qui y est fixé, vergues et hunes.

Le beaupré

Incliné vers l'avant de 25 à 30° en général – 30° pour l'*Hermione* – le mât de beaupré était considéré autrefois comme le premier d'un navire, essentiel car par ses étais il assurait le maintien vers l'avant des autres mâts et portait les focs. Pour résister à toutes ces tractions il était solidement encastré dans la coque et consolidé par des liures, une sous-barbe et des haubans. Prolongé d'un « bout dehors », sa longueur totale est de 16,25 m, portant celle de l'*Hermione* à 65 m hors tout.

Passage du beaupré par l'extrémité supérieure de l'étrave, puis par la grande flasque au milieu et enfin au fond l'emplanture. Photo AH.

[1] Dont 45 au-dessus du pont de gaillard.
[2] Ou de hune d'artimon.
[3] Ou de perroquet d'artimon.

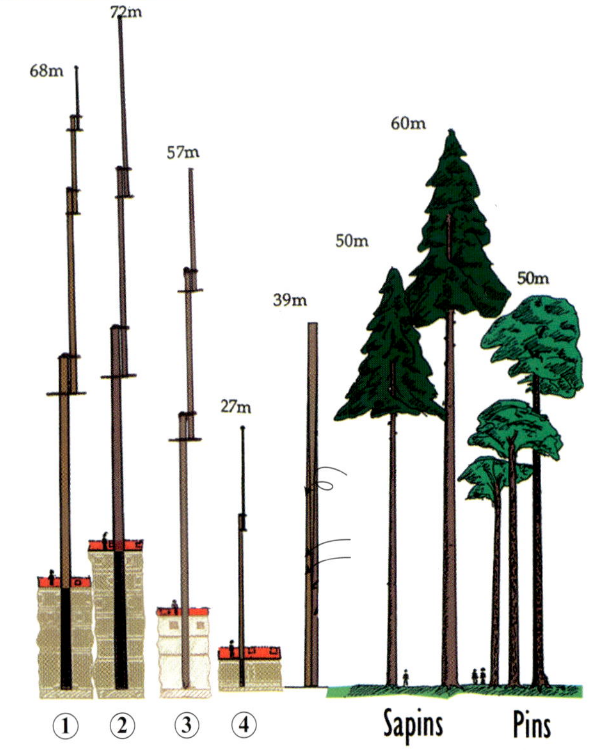

Comparaison de différents mâts :

1. *Le* Royal-Louis*, 1690*
2. *Le* Montebello*, 1814*
3. *L'*Hermione*, 1779 et 2000*
4. *La* Recouvrance*, 1817 et 1992*

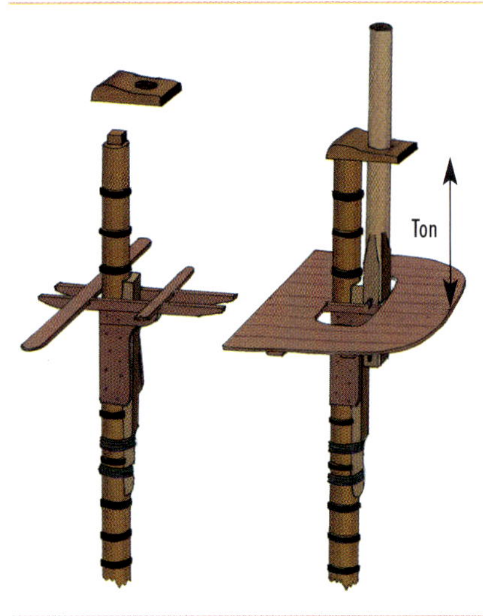

Dispositif d'assemblage des mâts par chouquet et barres de hune ;

le chouquet, pièce maîtresse de l'assemblage des mâts, est le chapeau du mât inférieur et le guide du mât coulissant supérieur.

Des mâts « télescopiques »

Les plus grands arbres n'atteignent pas la hauteur des grands mâts, jusqu'à 80 mètres. Ceux-ci étaient fractionnés en 3 ou 4 mâts superposés et coulissants. La hune, avec ses jumelles et ses traverses d'une part et le chouquet d'autre part, permettait de hisser les mâts pour naviguer ou de les redescendre par sécurité lors de l'hivernage. Un système de palans et de poulies servaient au « guindage » des mâts, et une clef ou clavette le bloquait. La *guinderesse* est la drisse correspondante.

Le chouquet

C'est un bloc d'orme ou de chêne ferré coiffant un mât inférieur et servant à faire coulisser un mât supérieur. La profonde mortaise carrée s'adapte sur le bas-mât et un trou circulaire offre le passage du mât de hune.

Chouquet du petit perroquet de l'épave du* Juste*, vaisseau de 74 canons de Rochefort, 1724.

Face supérieure à gauche en forme de chapeau : le trou circulaire est le passage du mât de hune coulissant ; face inférieure à droite avec l'évidement carré recevant le sommet du bas-mât et les ferrures pour les drisses des vergues.

Musée national de la Marine à Paris, photo JMB.

Le bas-mât, un mât d'assemblage

La dimension du bas-mât imposait de le construire par assemblage de plusieurs troncs d'arbre, un central mis tête en bas et six autres accolés autour, le tout cerclé à chaud pour assurer un serrage solide.

Le ton

C'est la longueur de recouvrement des mâts – environ le septième – entre le chouquet et la hune.

Provenance des mâts et chemins de mâture

Il n'y avait pas de vaisseaux sans mâts et donc pas de bois de marine sans « bois de mâture », résineux de montagne ou du Nord, notamment pins sylvestres à croissance lente.

Pour l'indépendance de nos approvisionnements et alors que jusque là on achetait les bois de mâture dans le commerce international, les fameux « pins de Riga » venant du Nord de l'Europe et de la Russie, Louis XIV alla chercher les sapins des Pyrénées (voir photo page 129). Des travaux colossaux ouvrirent d'extraordinaires « chemins de la mâture » parfois creusés, entaillés dans des verrous rocheux verticaux comme celui du Sescoue pour défruiter la forêt du Pacq après l'épuisement de celle d'Issaux, et en descendre des troncs de quarante mètres.

La Corse aussi possédait de belles forêts de grands pins laricio souvent prospectées pour la mâture. C'est ainsi que, sous l'impulsion du duc de Choiseul, ministre de la Marine, Louis XV acheta toute l'île aux Génois en 1768 pour satisfaire les besoins en bois de mâture de la marine.

Chemin de mâture de la vallée d'Aspe (Pyrénées).

L'HERMIONE, MÂTS D'HIER ET D'AUJOURD'HUI

Les Pyrénées étant quasi épuisées en 1779, les mâts de la première *Hermione* venaient-ils de Corse ou plus probablement du commerce international, les pins du port de Riga sur la Baltique, Lettonie ?

Ceux de l'*Hermione* d'aujourd'hui sont en pins d'Oregon du Canada (douglas en botanique) ; non pas en troncs massifs comme autrefois, mais assemblés par collage selon des procédés garantissant un bon compromis entre une apparence historique et une stabilité ainsi qu'une longévité prolongées.

Le gréement

C'est l'ensemble des cordages et poulies qui assurent la fixation des vergues et des voiles et leur maniement. Gréer un navire c'est planter ses mâts, les haubaner et y installer les vergues et toutes les manœuvres liées aux voiles, drisse, écoutes, etc.

*Étambrai du grand mât de l'*Hermione *avec les passages des 4 archi-pompes qui l'entourent, vue de la cale au niveau du faux pont.*

De même sur le modèle de Jean Thomas : étambrai du grand mât entouré des 4 archi-pompes au niveau du pont de batterie. Photo Jean Thomas.

Emplanture et étambrai

Avant d'être fixé par les étais, les mâts sont tenus par l'étambrai, assemblage de pièces de chêne au travers des ponts et par « l'emplanture » ou pied de mât, sorte de « caisse » fixée sur la carlingue reposant sur la quille pour le grand mât et celui de misaine ; en revanche l'artimon repose sur la charpente de l'entrepont (voir page 88). L'étambrai est plus long que large pour le réglage de l'inclinaison du mât immobilisé ensuite par des coins.

Les étais

Les mâts sont maintenus sur l'avant et entre eux par des étais qui porteront les focs et les voiles d'étais. Les étais sont « ridés » ou tendus grâce à des « moques », blocs

Détail des étais et haubans du Royal Louis, *vaisseau trois ponts 1759, modèle au 1/18. Près du beaupré et tout à gauche on remarque les moques d'étai, ainsi qu'au centre de la photo partant de la base du beaupré ; également les liures de beaupré passant dans les gueules de raie du taillemer.* Musée national de la Marine à Paris, photo JMB.

de bois de forme lenticulaire et percés d'un trou servant, comme le cap de mouton, de poulie sans réa. Les moques, rainurées en périphérie, sont « estropées » en bout de l'étai d'une part et sur la courbe de capucine, sur le beaupré ou en pied d'un mât antérieur d'autre part, et seront tendues grâce à une « ride ».

Les haubans

Ce sont des cordages ou aujourd'hui des câbles métalliques destinés à tenir latéralement et légèrement sur l'arrière les mâts pour compenser la traction des voiles. Les haubans étaient généralement posés par paire, formant un « œillet » en son milieu, et capelés sur le mât au niveau du ton. Ils se terminent en partie inférieure par un « cap de mouton » permettant d'être ridés sur un autre cap de mouton au niveau du « porte-haubans » en bout d'un chaînage fixé sur la coque.

Les haubans portent le nom du tronçon de mât qu'ils maintiennent : on a ainsi les bas-haubans pour le bas-mât puis les haubans de hune, de perroquet... Les frégates avaient en général 10 bas-haubans pour chaque mât, sur chaque bord.

Les enfléchures sont des marches en cordage tendu en travers des haubans (ou des gambes) par lesquelles les gabiers montent dans la mâture.

Détail du même, porte haubans, les chaînes de haubans en dessous, et au-dessus les caps de mouton. *Musée national de la Marine à Paris, photo JMB.*

Le trélingage est le dernier étage d'enfléchures, sorte de bridure renforcée liant tous les haubans sauf les deux extrêmes et d'où partira le haubanage du mât supérieur. Les « branches de trélingage » relient les trélingages bâbord et tribord.

Parfois on a supprimé le trélingage en fixant directement les haubans de revers ou gambes sur le bas-mât au dessous des jottereaux.

Les galhaubans

Ces longs haubans, passant par les porte-haubans sur la coque, consolident la fixation des mâts supérieurs, galhaubans de hune pour le mât de hune, galhaubans de perroquet et ceux de cacatois. Les frégates avaient en général quatre galhaubans sur chaque bord.

La hune et la fixation des mâts de hune

La solidité de la fixation du bas-mât est liée à l'écartement des haubans sur toute la largeur du pont augmentée des deux portes haubans. De la même façon, pour tenir les mâts supérieurs on a inventé une plate-forme appelée « hune » placée en partie

Fabrication d'une hune. Les rayons, tringles ou « taquets » et la bordure ou « guérite » des hunes étaient en chêne et le platelage en « bois de sap » ou pin, plus léger ; pour leur longévité, elles ont été réalisées ici en iroko plus lourd. Photo AH.

La largeur du hunier permet de donner un bon empattement aux haubans. Les chandeliers fabriqués à la forge du chantier servaient de garde-corps aux gabiers. Photo AH.

supérieure du bas-mât, comme un pont en réduction (sa largeur est près de la moitié du maître bau). Les gabiers s'y reposent et elle peut porter des perriers[4] pour le combat. Ronde jusque sous Louis XV, elle devient alors carrée pour augmenter la largeur utile. Un garde-corps est fixé sur des chandeliers métalliques. Ceux de l'*Hermione* ont été rallongés conformément aux règles de sécurité actuelles. La grande hune et celle de misaine font 5,4 par 5,7 m ; celle d'artimon est plus petite (3 x 3,2 m).

Les haubans de hune seront ridés par un ensemble de caps de mouton se fixant sur le rebord de la hune servant de porte hauban.

Sous la hune, les haubans de revers ou « gambes » partent du trélingage et se terminent par des caps de mouton pour rider ces haubans de hune qui pour l'essentiel tiennent ce mât.

En son centre la hune est percée du « trou du chat » pour le passage du sommet du bas mât et du pied du mât de hune, et aussi celui des hommes. Pour consolider la hune, des « tringles » ou « rayons de hune » partent radialement du centre vers la bordure ou « guérite » où passeront les gambes.

Enfin l'avant de la hune était équipé d'une « araignée », série de cordelettes en éventail partant de l'étai en avant du mât destinée à éviter l'usure du hunier par frottement.

Les mâts supérieurs, mâts de perroquet

Ils sont fixés par des haubans dont l'écartement est obtenu, non par des hunes qui seraient trop lourdes, mais par de simples « barres de perroquet », comparable aux barres de flèches des grands voiliers de plaisance depuis le début du XXe siècle. En effet la légèreté est toujours recherchée dans les hauts.

[4] Petit canon de gaillard ou de hune à ne pas confondre avec les pierriers, canon de siège sur les remparts.

Les vergues

La vergue est une longue pièce horizontale qui porte la voile ; elle est dite carrée pour les voiles carrées. Lorsqu'elle est oblique, alors appelée corne ou vergue aurique, elle porte une voile trapézoïdale, l'artimon. Les vergues des frégates sont réalisées dans un seul tronc[5] de résineux et ont une section ronde ou octogonale, plus large au milieu et s'affinant aux deux extrémités. La vergue adopte le nom de la voile qu'elle porte, comme vergue de misaine, de grand hunier…

La vergue peut-être « sèche » à l'artimon, elle ne porte pas de voile mais sert à amurer la voile carrée du dessus, le hunier.

Nombre de cordages servaient à manœuvrer les vergues :
- la drisse pour les hisser du pont à sa place,
- la drosse pour les relier au mât de façon suffisamment souple pour permettre son orientation et ses mouvements,
- les balancines, passant dans des poulies plus haut sur le mât, pour en soutenir les extrémités et les maintenir horizontales,
- les bras pour les orienter selon la direction du vent,
- les cargues pour réduire la voile.

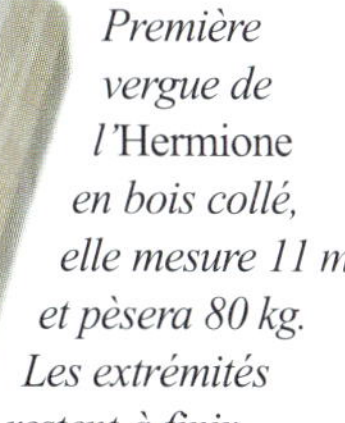

*Première vergue de l'*Hermione *en bois collé, elle mesure 11 m et pèsera 80 kg. Les extrémités restent à finir.*

La vergue est liée au mât par le racage, espèce de collier de deux ou trois rangs de « pommes », billes de bois, dont l'écartement est maintenu par les « bigots de racage », planchettes de bois percées de trois trous correspondant aux rangées de pommes.

La vergue est équipée en dessous d'un « marchepied » maintenu par des étriers et d'une main courante au-dessus permettant aux gabiers de se tenir.

Certaines vergues sont dotées des deux cotés de bout-dehors augmentant considérablement leur envergure qui portent des bonnettes, petites voiles carrées supplémentaires, par faible vent arrière. Ces bouts-dehors vont coulisser sur la vergue en passant dans des « cercles » ou « colliers de bout-dehors » ou « blins ».

Vergues et extraordinaire faisceau de haubans et étais ; sur la grande hune sont installés quatre perriers pour préparer l'abordage, ils sont à poste sur des « courbes de perriers », équerres de bois.
Musée national de la Marine à Paris, photo Jean Boudriot.

[5] Plus de 25 m pour la grande vergue de l'*Hermione*. Les vergues des grands vaisseaux, atteignant jusqu'à 36 m pour un vaisseau de 120, sont réalisées par assemblage de plusieurs pièces.

Râteliers, bittes et bittons

Dans l'entrepont ou faux pont, sous le pont de batterie, le bitton du grand hunier, belle forme de lyre, en avant du grand mât va supporter le râtelier principal ; à gauche le pied du sep de drisse.

1. *Le gros sep de drisses du grand mât recevra quatre réas ; des cales empêchent la déformation en attendant leur pose.*

2. *Sur le pont, deux râteliers du mât de misaine, les bittons de poulies et marionnettes ; ils sont percés pour recevoir les cabillots.*

3. *Les cabillots viendront sur les râteliers de manœuvre en pied de mât pour tourner les drisses.*

Tous ces cordages de manœuvre des vergues et des voiles vont passer dans des systèmes de poulies et être amarrés sur des râteliers équipés de cabillots, chevilles en bois de frêne tourné.

Jeunes gabiers à l'œuvre aujourd'hui sur un voilier de dimensions plus modestes.

Coupe et voilure au niveau du mât de misaine

Cabillots à poste.

*L'*Hermione *sous voiles avec ses bonnettes sur bâbord au niveau du mât de misaine. Sur le pont de gaillard un maître d'équipage portant tricorne donne ses ordres aux gabiers s'activant dans la mâture : l'un monte dans les enfléchures, un autre dans les gambes sous la hune de misaine où s'affaire un troisième et un quatrième sur les barres de flèches de perroquet,* par Jean Benoît Héron.

Divers, cordages, poulies, voiles, canots et chaloupe

Le grand et le petit cabestan

Le petit cabestan sur le pont de gaillard, manœuvrable, sert pour le gréement.
Le grand cabestan placé sur le pont de batterie en arrière du grand mât, sert notamment à relever les ancres. En cet endroit, les six épontilles, poteaux supportant les baux, sont relevées pendant sa manœuvre par cinq hommes sur chacune des douze barres soit soixante hommes.

Épontilles escamotables, entre le pont de gaillard et le pont de batterie, dans le rayon d'action des hommes manœuvrant le grand cabestan. Photo AH.

Détails du modèle de l'Hermione au 1/18ème de Jean Thomas : le grand cabestan sur le pont de batterie. Photo Jean Thomas.

Détail d'une épontille relevable. Photo AH.

La corderie royale et l'encablure

Commettage, dessin de l'ouvrage de Duhamel du Monceau
La fabrique des manœuvres pour les vaisseaux ou l'art de la corderie perfectionné, 1769.

Joie pour les marins après un long voyage de voir enfin la terre… à quelques encablures, on allait pouvoir jeter l'ancre !, mais qu'est une encablure, terme alors très employé ? La brasse[6] – bras étendus – était l'unité de mesure des cordages et 120 brasses donnaient une encablure d'environ 195 m, arrondis dans le langage courant à 200 m. Cette encablure était la longueur standard des câbles d'ancre des vaisseaux.

Une corderie était un bâtiment de grande longueur, car la confection d'un câble ou d'une corde impose de « commettre » ensemble des torons de chanvre ; ce tortillement ou « commettage » raccourcit la longueur finale du cordage. La fabrication d'une haussière d'une encablure nécessitait donc un bâtiment de 300 ou 400 m. Voilà pourquoi la corderie royale de Rochefort mesure 372 m de long sur 8 de large. Celle de Toulon était comparable, avec cependant trois travées en largeur pour fabriquer simultanément trois câbles.

Les brins de chanvre étaient préparés et filés au premier étage, donnant des fils de caret, deux fils de caret commis ensemble forment un « bitord », trois un « merlin » et quatre ou plus un « toron ». En tortillant trois torons on obtient une aussière puis en recommençant avec trois aussières, un câble. Pour le commettage on utilise un cône en bois rainuré, le « toupin », dont le nombre de rainures correspond au nombre de brins qui vont être commis ensemble.

Le cordage terminé était enduit de goudron pour le rendre imputrescible.

*À la Corderie de Rochefort, M. de Fontainieu, directeur du Centre international de la mer sur un câble d'ancre d'un diamètre de 13,5 cm comparable à ceux de l'*Hermione*, un grelin constitué de 3 aussières de 3 à 6 torons.*

Toupin : sorte de tronc de cône rainuré pour « commettre » les cordages, ici quatre torons autour d'une fine mèche vont donner une aussière. Corderie de Rochefort.

[6] Elle valait cinq pieds soit 1,62 m.

Les poulies et caps de mouton

Tournage d'une roue de canon par Luc Caquineau. À gauche au premier plan des caps de mouton et sur la photo de droite, les mêmes percés des trois trous pour pouvoir les « rider » et ceinturés d'une gorge pour les « estroper ». Photos AH.

Les moques, caps de mouton, râteliers et cabillots sont réalisés sur le chantier. Les rouets ou réas, partie tournante de la poulie, étaient en bronze tant pour les seps de drisse que pour les bittons des huniers. En revanche le gaïac, bois des Caraïbes autolubrifiant, était utilisé pour la fabrication des rouets des poulies volantes ou des caps de mouton servant à rider les haubans.

Les Voiles

Celles de la frégate sont de grandes dimensions. La misaine mesure 231 m^2 et le petit hunier 234 m^2. La grand voile fait 300 m^2, le grand hunier 247 m^2 et l'artimon 86 m^2. Le total de la voilure atteint 900 à 1200 m^2.

Anne Renaud, voilière traditionnelle, réalise devant le public les voiles de la chaloupe et des canots. Photo AH.

Chaloupe et canots

Sur les vaisseaux et les frégates étaient embarqués une chaloupe et deux canots. Sur l'*Hermione* ils font respectivement 10,5 m, 8,5 et 6,5 m, et ont été reconstruits tout en chêne, bordés à 22 mm. Ces embarcations de manœuvres, de remorquage et de secours étaient empilées[7] les unes les autres dans la « grande rue » placée entre les gaillards. Leur mise à l'eau s'effectuait au moyen de palans frappés en bout des vergues.

*Autre maquette de l'*Hermione *montrant la « grande rue » avec les deux canots et la grande chaloupe.*

*Maquette de l'*Hermione *au 1/36ème de Jean-Claude Cossais : détails de la « grande rue » où se logeront empilés les deux canots et la grande chaloupe.*

ALEXANDRE GENOUD DE « BATEAUX BOIS »

Responsable d'un chantier naval traditionnel, il est chargé de la réalisation de tout ce qui ne relève pas de la coque proprement dite de la frégate.

Alexandre Genoud, à gauche, lors de la fabrication des chaloupes et canots.

[7] Pour cela les bancs sont amovibles.

Mise à l'eau du petit canot le 11 juin 2005.
Photo AH.

Le Thétis, *en 1819, met une embarcation à l'eau.* *M.N.M. Rochefort, photo JMB.*

Lavis de Pierre Ozanne, le Thames *amène ses embarcations, combat du 25 messidor an IV (14 juillet 1796).*
Musée national de la Marine.

La forge et le métal à bord

La forge

Devant le public les forgerons de l'*Hermione* réalisent les ferrures d'épontilles, celle de cabestan, des courbes de baux, des chaînes de haubans, des chandeliers de hunes, des serrures et des clous de mantelet de sabord ou encore tout l'accastillage des canots.

DE LA FERRONNERIE D'ART À LA FORGE DE MARINE

Un forgeron, ici Romain Botella, et ses deux compagnons travaillent en permanence devant le public sur le chantier. Il faut à la fois réaliser des pièces pour l'*Hermione* le plus vite possible pour respecter le marché passé sans risquer de mettre en déficit l'entreprise Métalnéo, et en même temps être disponible pour intéresser le public.

Cela Romain Botella par amour de son métier et de la communication avec les spectateurs, arrive à le concilier. Tout est organisé pour que, même le dimanche, les visiteurs voient une forge active.

Romain Botella modelant au marteau pilon les chandeliers de hune. La forge fournira toutes les pièces métalliques pour la frégate : courbes, ferrures de canons, de haubans, lest.

Venu de la ferronnerie d'art, il est passé avec enthousiasme à la forge de marine, enthousiasmé par l'*Hermione*, il s'est documenté pour nourrir sa passion sur les techniques de l'époque et sur l'histoire des bateaux.

1. *Une chaîne de hauban à gauche et des barres de manœuvre des canons.*

2. *Anneaux sertissant les caps de mouton.*

Les ancres

Les ancres forgées et préparées dans les forges de Guérigny, étaient montées sous le contrôle des « maîtres ancriers » des ports de Rochefort ou de Brest. La grande ancre de l'*Hermione*, retrouvée sur le lieu de son naufrage au large du Croisic, mesure 4,25 m de haut et pèse 1,5 t.

La nouvelle ancre principale sera forgée sur mesure, ce qui n'exclura pas l'utilisation d'une chaîne et d'une ancre moderne aux normes actuelles.

La forge des ancres. Encyclopédie de Diderot et d'Alembert.

Port de Toulon en 1756. Détail du parc d'artillerie : au centre, mise en place d'un canon sur son affût à l'aide d'une bigue, en second plan, empilement réglementaire « à l'ordonnance » de boulets, puis de bombes et de canons. Plus loin, des vaisseaux en attente, mâts abaissés, et au premier plan portage de bombes. Tableau de Joseph Vernet de la série des ports de France commandée par Louis XV dans le cadre de la guerre de Sept Ans.
Musée national de la Marine à Paris.

L'artillerie de l'*Hermione* du XVIIIe

Canons en bronze ou en fer

L'artillerie d'un bâtiment de guerre représentait 20 % de son coût ! D'où de gros efforts de normalisation dès 1690, de concentration des forges à canons et de remplacement du bronze par le fer, six fois moins cher. En 1699 déjà 85 % des canons[8] sont en fer.

Les grandes forges du Dauphiné, de l'Angoumois et du Périgord fondent les canons et les petites les boulets. Pour Rochefort, l'essentiel serait venu de la fonderie de Ruelle. La fonderie de Rochefort a coulé des canons de bronze, « fonte verte », de 1669 à 1840, mais n'a jamais fait de canons de fer, « fonte grise ».

Canons et calibres[9]

*Modèle de chantier de l'*Hermione *par Jean Thomas, vue de la batterie, canons de 12 et au dessus, sur le pont de gaillard, les canons de 6 ; notez le sabord de chasse fermé par un mantelet à l'avant à cause des vagues et embruns et les deux ouvertures d'écubier.* Photo Jean Thomas.

La longueur du canon de calibre 12 qui équipe l'*Hermione* est de 2,65 m. Un canon de 12 tire un boulet de 12 livres (6 kg) et a un diamètre intérieur, l'âme, de 12 centimètres (12,126). Le diamètre du boulet est toujours inférieur à celui du canon, la différence d'environ 3,5 mm – le vent – évite au canon le risque d'explosion par surpression instantanée. La longueur d'un canon est d'environ 16 à 20 fois son diamètre d'âme ; ceux de l'*Hermione*, du modèle 1766, provenaient du désarmement de l'*Engageante*. On compte cinq servants pour les canons de 6 ; huit et un mousse pour ceux de 12.

Les munitions embarquées en début de campagne sont de 60 boulets, 10 boulets ramés et 10 boulets à mitraille par canon : soit 12,74 t pour les canons de 12 et 1,96 t pour ceux de 6.

En outre on compte à bord 10 perriers d'une livre pour équiper les hunes et les embarcations, des fusils et pistolets.

---

[8] D'après Boudriot, *L'Artillerie de mer de la marine française*. Le fer est plus lourd, plus dangereux, si le canon explose, et moins bruyant que le bronze qui, lui, peut recevoir de très belles sculptures.

[9] Données venant de Martine Acerra, Jean Boudriot et Jean Thomas.

Les affûts de canons

L'ordonnance du 9 janvier 1552 d'Henri II impose aux populations la plantation d'ormes le long des routes pour la fabrication des affûts d'artillerie. L'orme « tortillard » ne se fend pas et n'éclate pas sous la mitraille ce qui limite les blessures des marins et des servants de la batterie ; mais depuis la maladie a fait largement disparaître les ormes.

Les affûts faisaient partie du navire alors que les canons appartenaient au parc d'artillerie.

La brague est un gros cordage liant le canon à la muraille du navire pour limiter le recul.

Les canons de l'*Hermione*	Calibre	Poids en tonnes Canons + affût	Nombre	Poids en tonnes pièces + boulets =total
Pont de gaillard	6	0,84 + 0,2 = 1,04 t	8	8,32 + 1,96 = 10,28 t
Pont de batterie	12	1,6 + 0,3 = 1,9 t	26	49,4 + 12,74 = 62,14 t
Total				57,72 + 14,7 = 72,42 t
Les canons de l'*Hermione* pèsent donc 58 t et elle embarque en plus près de 15 t de boulets.				

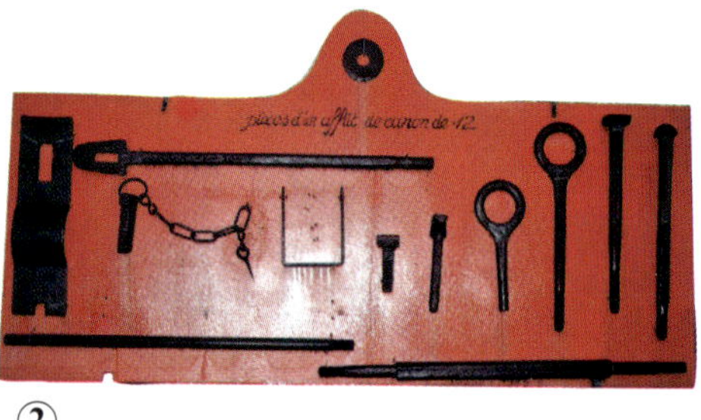

1. *Différents stade de fabrication des roues de canon, à droite bloc de départ, à gauche peintes en rouge des roues en attente de montage. Au nombre de 128, elles sont en frêne, à défaut de l'orme traditionnel malade.*

2. *Tableau présentant les différentes pièces métalliques d'un affût, forgées sur place.*

3. *Fabrication d'un affût, notez la barre de renfort en fer au milieu.*

4. *Série d'affûts en finition.* Photo AH.

Un vieil affût de 8 en orme retrouvé dans la Charente, vers 1800, près de Rochefort.
Musée national de la Marine à Rochefort.

Un authentique canon de 12 monté sur un nouvel affût est présenté en batterie sur le chantier.

Comment sont coulés les canons

Sur un modèle en bois du canon, était réalisé un moule en creux en deux parties fait de terre mêlée de crottin de cheval le rendant réfractaire. La fonte grise (de fer) était coulée dans le moule mis vertical et on y forait l'âme.
Ceux de la nouvelle *Hermione* seront probablement réalisés en fonte de fer, plus mince qu'à l'époque, ou comme pour d'autres répliques, en fonte d'aluminium peinte en noir. Inaptes au tir réel, ils pourront cependant saluer, en tirant le canon à blanc, lors des fêtes maritimes.

Port de Toulon, 1756, détail du parc d'artillerie de Marine : des ouvriers aléseurs forent ou rectifient l'âme d'un canon. Tableau de Joseph Vernet.
Musée national de la Marine.

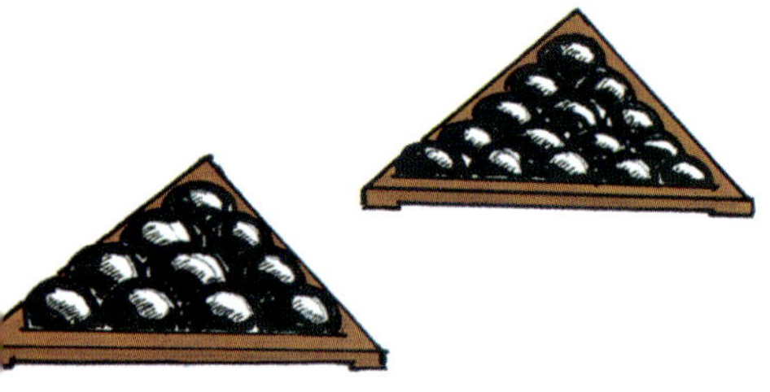

Parc à boulets ou triangle contenant 10 boulets de calibre « 12 » et 15 de « 6 ».

Alexandre Genoud vérifie la copie d'un triangle ancien.

Les quatre archipompes (encoches demi cylindriques) autour du grand mât délimitent en fond de cale, le puit à boulets.

Puits et parcs à boulets

Les boulets à bord sont à poste dans des « parcs à boulets », triangles près de chaque canon. La réserve est rangée dans le « puits à boulets » en fond de cale au pied et en avant du grand mât, sur la largeur déterminée par les quatre archipompes, de base rectangulaire d'environ 1 m à 1,3 m, du haut de la carlingue à l'entrepont. Pour charger et décharger le puits, un canonnier y descendait et manœuvrait une poche de grosse toile au bout d'un palan. Il ne fallait pas se tromper dans l'excitation du combat, des cloisons de répartition séparaient boulets de 6 et de 12.

La poudre à canon

La frégate emportait 2,5 tonnes de poudre[10]. Cette poudre était un délicat mélange de souffre, de salpêtre et de charbon de bois de bourdaine ou aulne noir, petits arbustes de nos forêts très recherchés pour cet usage.

Les effets de l'artillerie

Une bordée est la décharge simultanée de l'ensemble des canons d'un même côté d'un navire. Pointer ou tirer en plein bois consistait à viser la coque par opposition à tirer à démâter qui se faisait avec des boulets doubles dit « boulets ramés ». On disait couramment que les Français tiraient à démâter alors que les Anglais tiraient en plein bois pour couler, mais on trouve tous avis contraires, l'objectif étant bien souvent de ramener la prise adverse. L'Amirauté anglaise remettait en service avec une nouvelle mâture bon nombre de bâtiments français considérés comme d'excellente facture.

Les boulets arrachaient vers l'intérieur des éclats de bois mortels pour l'équipage mais le bois semblait se refermer. Pour empêcher les infiltrations d'eau, les charpentiers de Marine inséraient à grands coups de masse des coins de bois dur ou « épissoirs » dont le gros diamètre ne dépassait pas 6 cm.

[10] Calcul de Jean Thomas d'après Boudriot.

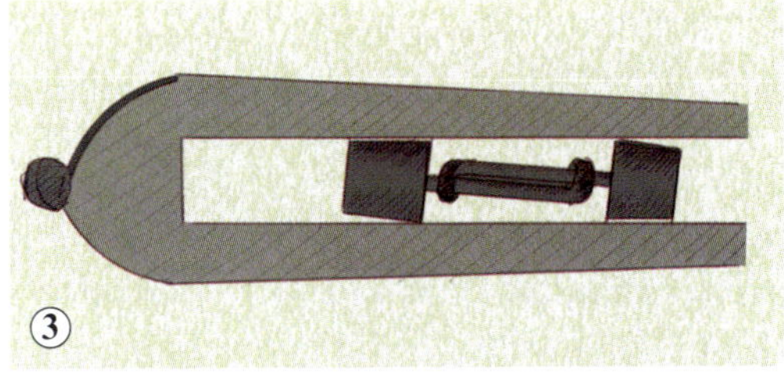

1. *Extraordinaires boulets ramés extensibles, fabrication de la région nantaise sous Napoléon Ier, provenant d'une cargaison trouvée dans l'Erdre.*

2. *Boulet ramé classique ; il en existait aussi reliés par une chaîne.*

3. *Les boulets ramés extensibles ont une forme tronconique pour maintenir une certaine étanchéité dans le tube.*

Les « fenêtres de tir » d'un navire

Sabords et canons

Le sabord[11] est une ouverture dans la paroi ou « muraille » du navire permettant le tir des « bouches à feu ». La muraille presque terminée, les sabords sont « percés » ce qui tranche des couples. Il faudra attendre le début du XIXe siècle et l'augmentation de la précision des plans pour que le sabord soit prévu au départ ce qui évitera de couper ces bois tors si rares et si difficiles à trouver.

Pour ne pas trop affaiblir la structure du bâtiment et limiter la gêne due aux flammèches des canons de l'étage supérieur, les sabords étaient décalés « en échiquier », jamais superposés. L'écartement de deux sabords, 1,7 m, est suffisant pour que les servants ne se gênent pas.

Détail de la charpente et de l'encadrement d'un sabord. Modèle au 1/18ème de Jean Thomas. Photo Jean Thomas.

Dans le pont de batterie, enfilade de sabords, chacun allant recevoir son canon. Photo AH.

[11] Invention vers 1500 du maître charpentier brestois Descharges, utilisée en première fois sur la *Charente*.

Mantelet

Les sabords des vaisseaux sont fermés par un volet ou « mantelet » pivotant sur des « pentures » ou charnières supérieures pour n'être pas arrachées et pour empêcher les paquets de mer d'envahir la batterie. Au combat ils sont ouverts et parallèles à la surface de l'eau, les canons avancés ; si la mer est agitée et si le bateau gîte, il faudra fermer les sabords de la batterie basse sous le vent pour éviter les paquets de mer et la perte du navire... Souvent l'emportait ainsi le commandant qui pouvait se placer sous le vent de son adversaire et conserver l'avantage de sa batterie basse. Les frégates étaient généralement sans vrai mantelet. Sur l'*Hermione* seuls les deux sabords de chasse, sur l'avant, en possédaient.

Mantelets du Victory *de Nelson, visible à Portsmouth, vaisseau de la même époque que l'*Hermione.

Mantelets brisés

Pour les sabords de retraite ou d'arcasse, les mantelets de frégate étaient souvent doubles, avec une partie haute et une partie inférieure parfois seule relevée lorsque la mer forcissait.

Mantelets brisés en deux partie d'une frégate ; la partie basse est ici fermée pour éviter les embruns pendant la marche. Musée national de la Marine à Brest, photo JMB.

Les faux mantelets

Les vrais mantelets étaient souvent réservés à la batterie basse des vaisseaux et de « faux mantelets » étaient prévus pour les batteries hautes ou celles des bâtiments de classe inférieure comme les corvettes et frégates ; d'après l'amiral Willaumez « c'est un carré de planches qui remplit les feuillures de sabord ; il est percé au milieu pour faire passer dedans la volée du canon ; une sorte de manche en toile peinte est adaptée autour pour garantir l'intérieur de la mer... »

*Schéma de mantelet en toile huilée. Sur l'*Hermione *il s'agissait probablement de faux mantelets carrés en planches avec pour assurer l'étanchéité, un manchon de toile huilée, les canons restant toujours en batterie prêt à tirer.*

La décoration modeste d'une frégate, sculptures, dorures

La sculpture à bords des vaisseaux

Les sculptures baroques, dorées à la feuille, vont envahir la proue et toute la poupe des vaisseaux sous Louis XIV. Vers 1760 l'abandon des dunettes rabaissera le tableau arrière qui prendra la forme simplifiée du fer à cheval que l'on voit sur l'*Hermione* ; les grandes sculptures disparaissent et l'ornementation « néo-classique » sera plus discrète. Les bouteilles latérales remplacent les débordements importants des anciens châteaux arrière.
La volonté de grandeur de l'Empire ramènera les sculptures.

*La figure de proue au lion dressé, portant entre ses griffes l'écu de France aux trois fleurs de lys du Massiac, vaisseau de la compagnie des Indes, 1759, est comparable à celle de l'*Hermione.
Modèle du musée de la Marine, photo Boudriot.

Les sculptures de l'*Hermione*

Les figures de proue devaient impressionner l'adversaire et montrer la gloire du monarque. D'abord d'une grande variété, elles furent standardisées « au lion » sous Louis XVI, ce fut le cas pour l'*Hermione* et sa sœur la *Concorde*.
Les sculptures de la poupe seront redessinées[12] d'après des modèles d'époque.

Les tableaux arrière en fer à cheval sont classiques de l'époque ; la décoration est sobre et parfaitement convergente dans la Marine de Louis XVI, tant sur les frontons des constructions que sur les tableaux arrière des frégates, avec comme attributs, l'écu de France, des drapeaux, des ancres et des canons et boulets. À gauche la frégate, la Dédaigneuse *au musée national de la Marine de Rochefort, à droite maquette de l'*Hermione *au 1/36ème de Jean-Claude Cossais.*

[12] Par Jean Thomas.

Aménagements divers

Aménagements intérieurs

L'état-major

Tout bâtiment de guerre disposait à l'arrière, d'une grande chambre, la chambre du roi. Le commandant du port de Rochefort reçut par message secret du ministre de la Marine M. de Sartine, signé à Versailles le 29 février 1780, un ordre précis : « ... Monsieur le marquis de La Fayette ayant des papiers et autres effets, en conséquence il est nécessaire qu'il ait à bord un logement fermé et décent. L'intention du Roy est que cet officier général se trouve, sur la frégate, aussi sûrement et commodément que possible... »[13]. Les menuisiers s'activèrent en urgence pour installer ce logement en cloisons démontables. Elles furent certainement enlevées lorsque l'*Hermione* reçut les élus du Massachusetts à Boston ou lors de la réception extraordinaire du Congrès américain à bord, le 4 mai 1781, pour l'annonce officielle de la victoire de la Chesapeake du 16 mars.

*Détails du modèle de l'*Hermione* au 1/18ème de Jean Thomas : à l'arrière du pont de batterie, près du grand cabestan à droite, au fond entrée de la grande chambre où logea La Fayette et descente vers les cabines des officiers dans la fausse sainte-barbe de l'entrepont. Les boiseries sont encore de style Louis XV.*
Photo Jean Thomas.

À l'arrière du pont de batterie, la grande chambre, où logea La Fayette, est éclairée par de grandes baies pouvant recevoir des canons de retraite.

Comme il n'y a pas de « sabord de retraite » pour tirer vers l'arrière, cela se fait des fenêtres de la grande chambre après avoir déplacé les canons du dernier sabord de

[13] Lettre des archives de la Marine du port de Rochefort, citée dans *L'Hermione* de Kalbach et Gireaud, éditions Dervy.

*Détails du modèle de l'*Hermione *au 1/18ème : les cabines des officiers dans la fausse sainte-barbe de l'entrepont.* Photo *Jean Thomas*

tribord et bâbord, opération délicate et dangereuse.

Les officiers avaient de petites chambres dans l'entrepont sous celle du commandant.

L'ameublement et les menuiseries intérieures s'ornaient de belles moulures Louis XV, le style Louis XVI, plus droit, était naissant et les ébénistes des arsenaux ne disposaient pas encore du nouvel outillage nécessaire.

*Détails du modèle de l'*Hermione *au 1/18ème : l'escalier de l'état-major descendant du pont de gaillard au pont de batterie et à la grande chambre. Photo Jean Thomas.*

L'équipage

Les hommes vivaient sommairement. Les hamacs ou « branles » étaient suspendus aux barrots de pont entre les canons sur les vaisseaux à plusieurs ponts de batterie ; lors du « branle-bas » de combat, ils étaient roulés, vêtements à l'intérieur, et rangés dans les filets de bastingage afin de surélever le parapet pour se protéger des éclats et de la mitraille. L'ordre inverse était « bas les branles » pour les récupérer et les suspendre à nouveau pour la nuit. Sur une frégate, les hamacs étaient suspendus dans l'entrepont, la hauteur sous barrot dans l'*Hermione* étant de 1,54 m et de 1,75 m sous le plancher entre ces baux, il ne fallait pas être trop grand ! En revanche dans le pont de batterie et dans la grande chambre, la hauteur est de 2,05 m et 2,15 m sous le pont.

*Maquette de l'*Hermione *au 1/36ème de Jean-Claude Cossais : détails du mât d'artimon et de l'escalier de l'état-major ; notez la beauté de l'architecture de la bouteille à tribord au rôle trivial de commodités de l'état-major.*

Le gouvernail, la barre et la roue

Il est constitué d'une « mèche » ou axe de rotation, servant à l'orientation, et d'un « safran », partie active sur l'eau ; sa largeur, plus importante à la base, est du douzième du maître bau. Il est fixé et articulé par des « ferrures » en bronze, les fémelots, fixés sur l'étambot et le consolidant, et les aiguillots sur le safran. La mèche, taillée dans un chêne droit de fil et sans fibre torse pour résister à la torsion, est arrondie pour tourner le long de l'étambot. La « jaumière » est le passage dans la voûte arrière, son étanchéité sera assuré par une braie de toile goudronnée.

Le gouvernail est équipé de deux chaînes qui le relient à la coque au cas où il serait arraché lors d'un talonnage ou d'une tempête qui le ferait sortir de ses gonds. Par sécurité il existe aussi à bord un gouvernail de rechange.

Dans l'entrepont, l'extrémité de la barre du gouvernail coulisse sur un rail en arc de cercle, fixé sur les baux, la « tamisaille » ou tamise ; elle est actionnée par un cordage, la « drosse », qui, après un jeu de poulies, s'enroule sur le tambour de la roue double. Au-dessus, dans la grande chambre, une barre franche de secours peut toujours être installée.

Dans la place laissée libre par le débattement de la barre, deux cabines, à tribord pour l'aumônier et à bâbord pour le maître canonnier : deux hommes sûrs dans cet endroit qui, derrière la cloison des vivres du capitaine, commande l'accès à la soute aux poudres placée sous la soute aux biscuits. Une autre soute aux poudres, plus petite, se trouve à l'avant.

*Détails du modèle de l'*Hermione *: le gouvernail et ses ferrures.*

*La mèche de gouvernail sur lequel il pivote ; il entre dans la coque par la jaumière. À droite un sabord de charge de l'entrepont. Modèle de l'*Hermione *au 1/18ème de Jean Thomas.*

Fémelot et aiguillot du Golymin, *vaisseau de 74 naufragés au large de Brest en 1814. Ils correspondent exactement aux pièces métalliques visibles sur la photographie page 116.*

En vraie grandeur.

Vue de l'intérieur (modèle) : la mèche de gouvernail traverse la voûte ; la barre dans l'entrepont (faux pont) sous les baux de pont va aller sur la tamisaille. Au dessus du pont la tête de la mèche est mortaisée pour recevoir la barre franche de secours dans la grande chambre. Photo Jean Thomas.

*Modèle de l'*Hermione *au* $1/18^{\text{ème}}$ *: détails de la tamisaille dans l'entrepont, et au fond la cabine de l'aumônier juste au dessus de la sainte-barbe.*
Photo de Jean Thomas.

Dans le faux-pont à l'arrière : espace de débattement de la tamisaille sur bâbord ; à l'endroit où se tient le charpentier se trouvait la chambre du maître canonnier gardien de la sainte-barbe, symétrique à celle de l'aumonier.

La roue double.

Un tel chêne vrillé ou à fibre torse était interdit pour les mèches de gouvernail, ses fibres seraient coupées par l'équarrissage.

Les cales de l'*Hermione*

De nombreuses soutes sont installées comme la soute aux légumes secs, fèves et pois, nourriture importante dans la Marine (voir coupes pages 88 et 90).

La frégate emportait dans ses cales nombre de tonneaux de vivres, d'eau et de vin, de poudre etc. On y trouvait aussi les réserves de poudre, le puits aux boulets et tout le matériel de rechange et l'*Hermione* dut emporter aussi des ballots de 4 000 uniformes pour les *insurgents*, mais la livraison arrivera trop tard.

Dans le faux-pont à l'avant, et après cette double porte, une porte coulissante cache la soute aux légumes secs, fèves et pois. Photo Jean Thomas.

La cale sera cloisonnée en fonction des besoins. Photo Jean Thomas.

L'*Hermione* reconstruite recevra des équipements différents, voire amovibles selon qu'elle sera en voyage ou à Rochefort. Il faut réaliser un vaisseau du XVIIIe siècle pouvant être visité à Rochefort et en même temps lui permettre de naviguer à certaines périodes. Le choix a été fait de prévoir dans les cales des installations démontables pour les douches, les cuisines, les moteurs, les cuves et toutes les conduites ou câbles électriques nécessaires.

*L'*Hermione*, un grand chantier.* *Photo AH.*

Chapitre VII
L'association et le futur pour l'*Hermione*

Qui reconstruit l'*Hermione* ?

Pourquoi ce projet de reconstruction

Au début des années 1990, une poignée de nostalgiques de l'ancienne marine, d'amoureux des bâtiments de l'arsenal de Rochefort voulu par Louis XIV, de ses formes, de sa corderie et de passionnés de la mer, tous confrontés en même temps à la baisse d'activité de la ville de Rochefort à partir de la fermeture de l'arsenal en 1927, puis du départ de la Marine ont cherché une solution fédératrice... Et l'idée germa au sein d'un groupe de passionnés issu du Centre international de la mer et de la ville de Rochefort. Pourquoi ne pas faire revivre l'arsenal qui avait fait vivre Rochefort ? Pourquoi ne pas reconstruire le plus célèbre des 550 navires sortis de l'arsenal de Rochefort ? Alors ce sera l'*Hermione* ! Celle de La Fayette !

L'*Hermione* est bien au cœur d'un grand projet global pour la ville de Rochefort avec l'arsenal et la corderie.

Les hommes et les soutiens du projet

Pour les monuments ce furent M. Jean-Louis Frot l'ancien maire et Bruno Coussy l'architecte de la ville. Pour l'histoire de la Marine ce fut M. Emmanuel de Fontainieu, directeur du Centre de la mer à la Corderie royale. Pour l'*Hermione*, les fédérateurs de ce projet furent l'académicien Erik Orsenna, président-fondateur, et Benedict Donnelly, fils d'un citoyen américain ayant participé au débarquement de Normandie, qui devint président de l'association Hermione-La Fayette en 1994.

Rien ne se ferait sans l'engagement et la volonté de plusieurs collectivités dont la ville de Rochefort, le département de la Charente-Maritime, la région Poitou-Charentes. L'Europe elle-même a attribué des subventions. Beaucoup d'entreprises nationales ou de la région Poitou-Charentes,

Le président fondateur Erik Orsenna assis sur une varangue au début du chantier en compagnie de Georges Pernoud lors d'une émission de télévision de Thalassa, le magazine de la mer en avril 1999. Photo AH.

regroupées dans le « Cercle *Hermione* des entreprises régionales » et dans les « Compagnons de l'*Hermione* ».

L'association Hermione - La Fayette

Composée de 4 000 membres, elle a un conseil de 24 administrateurs dont des représentants des collectivités, des membres fondateurs et trois représentants des associés cotisants.

Les États-Unis sont déjà très intéressés au voyage inaugural et à la commémoration de tout ce qui touche à la guerre d'indépendance et à La Fayette. C'est pourquoi il existe une fondation américaine de l'*Hermione* présidée par deux anciens ambassadeurs des États-Unis en France ainsi qu'une association « *Hermione* en Amérique » présidée par un ancien ambassadeur de France aux États-Unis pour promouvoir le voyage inaugural.

Le coût de reconstruction d'un tel navire, très élevé, est estimé à 17 millions d'euros, mais tout est relatif, c'est le dixième de celui des bateaux de la coupe de l'America.

*L'un des administrateurs, parmi les nombreux dévoués, le colonel Pierre Gras devant la maquette de l'*Hermione.

MARYSE VITAL

La déléguée générale de l'association, pour ne pas dire son pilier et un peu son âme, n'hésite pas à dire que « plus on va vers le monument flottant, plus les problèmes sont compliqués ». Que de travail pour coordonner tous les intervenants, trouver le financement pour le chantier, faire vivre l'association au jour le jour… et inscrire tout cela dans un grand projet de longue, très longue vie.

Maryse Vital, et F. Asselin.

Il faut toujours être sur la brèche mais en même temps prévoir le futur !

Tant d'énergie et d'enthousiasme que certains pourrait avec humour résumer « cette aventure de l'*Hermione* tient autant de la galère... que de la frégate ! ».

Isabelle Georget, responsable de la communication. À droite, Jean Thomas et Stéphane Munari, communication.

Qui reconstruit l'*Hermione* ?

S'il y a des bénévoles à l'association, la reconstruction d'un bâtiment de la taille de l'*Hermione* nécessite des professionnels, tant pour des raisons de sécurité que d'efficacité.

Des entreprises ont été retenues après appels à la concurrence :

- la coque en bois, c'est le gros œuvre, confiée actuellement à l'entreprise Asselin,
- la forge des différentes pièces métalliques est attribuée à l'entreprise Métalnéo,
- l'entreprise « bateau bois » d'Alexandre Genoud réalise les affûts de canons, les hunes, les embarcations annexes, petit canot, grand canot et chaloupe, etc.,
- un tourneur sur bois, Luc Caquineau, exécute les cabillots, caps de mouton ou roues des affûts de canons, et un autre est en charge des mâts et autres espars,
- un voilier traditionnel, Anne Renaud, taille à l'ancienne les voiles des canots et une voilerie industrielle celles de la frégate,
- les cordages sont fournis par un professionnel, soit en chanvre naturel soit en fibres synthétiques. Des animations autour des cordages sont prévues pour le public, notamment pour les bragues,
- des gréeurs seront chargés de monter la mâture et tout l'accastillage,
- enfin, Laurent Da Rold, societé Yatch Concept, directeur du projet, en coordonne l'ensemble des travaux jusqu'à la mise à l'eau du navire.

C'est finalement une douzaine de métiers différents qui interviennent, bûcherons, charpentiers de marine, calfats, menuisiers, sculpteurs, forgerons, gréeurs, voiliers, peintres… et aussi historien, architecte et dessinateur…

Le chantier de l'*Hermione* représente en haute saison 60 emplois :

- 30 charpentiers et forgerons construisant le bateau,
- 30 personnes pour l'administration et l'encadrement des visites, dont une dizaine du Centre international de la mer.

Lors de réunions de chantier mensuelles avec l'architecte naval, le charpentier-conseil, les entreprises et l'association dont sa déléguée générale, tous les responsables du chantier échangent sur les problèmes en cours ; en effet il faut en permanence réinventer les techniques, les tours de main oubliés et retrouver les savoir-faire anciens. Comment redessiner puis tailler une arcasse, comment remonter une hune et ses chandeliers garde-corps, faut-il refaire un cerclage de mât ? Il a fallu se reposer maintes questions et trouver les réponses dans une réflexion collective appuyée sur l'histoire.

Décembre 1996, signature de la première tranche de travaux entre le président Benedict Donnelly à gauche et l'entrepreneur François Asselin au centre en présence de Jean-Louis Frot, maire de Rochefort à l'époque. Photo AH.

Interviennent également le vice président Alain Bourdeaux et le trésorier Olivier Pagézy.

Les étapes de la construction, le reflet du chantier

1988 à 1990 : émergence du projet, émission de médailles « souvenir de La Fayette et de l'*Hermione* » par la ville de Rochefort.

1992, fin de l'année : création de l'association.

1993, en septembre : pour la nuit du patrimoine, mise en place du squelette (à l'échelle 1), de l'*Hermione* dans la forme double ; cette réalisation de Raymond Labbé, donnait une idée précise de la taille et l'encombrement du bâtiment.

1996 : choix de l'entreprise Asselin. À cette époque l'objectif est de mettre le bateau à l'eau en 2007, – d'où le lancement en 1997 du logo « Hermione 2007 », il sonnait bien.

1997, février : traçage en salle des formes et recherche des premiers bois.

1997, 4 juillet : symboliquement à la date anniversaire de la fête nationale américaine, *pose de la quille* qui signe toujours la naissance d'un navire.

1997 à 1999 : confection et pose des 62 couples, pose de l'étrave en fin 1999.

2000 et 2001 : réalisation des baux, supports des ponts et travaux d'intérieur.

2002 : début de la pose des bordages, et donc montage du bordé, peau d'un navire.

*Chaque phase de la construction est l'occasion d'organiser une fête populaire devant la tente abritant l'*Hermione. *Au fond coule la Charente.* *AH, photo Françis Latreille.*

2003 : début de la réalisation de l'arcasse et pose du tableau arrière.

2004 : pose du vaigrage en fond de cale, des six épontilles du faux pont, des hiloires.

2005 : pose des ponts de batterie, des épontilles, des porques en fond de cale, finition du tableau arrière et du petit canot.

2006 : fabrication des ponts de gaillard, des caillebotis, des hunes, plate-forme des mâts, et début du grand canot.

2007 : construction de la guibre en avant de l'étrave, avec le taillemer et la courbe

de capucine et nombreux travaux intérieurs au niveau de l'entrepont et du pont de batterie. Vergue de petit perroquet.
2008 et suivantes : pose des derniers bordages ou clores, pour fermer le bordé actuellement monté à claire-voie, calfatage. Fabrication et pose de la mâture, mise en peinture.
2011 : objectif de *mise à l'eau.*

La durée de la reconstruction

Retrouver le savoir faire du XVIIIe siècle, y introduire les actuelles règles de sécurité et partager l'aventure culturelle et technique avec le public demandent du temps, d'où une apparente lenteur. Enfin les tranches de travaux ne sont engagées qu'après avoir recherché et trouvé le financement correspondant. Néanmoins, aller doucement complique techniquement le chantier par dessèchement excessif des parties les plus anciennes. Cependant, véritable tour de force, son activité est constante et ses avancées permanentes.

Toute l'équipe de charpente de l'entreprise Asselin célèbre joyeusement la pose de l'arcasse et du premier couple en septembre 1997.
Photo François Asselin.

Les visiteurs

Des guides accueillent les curieux toute l'année, actuellement 260 000 en moyenne par an, et l'affluence est particulièrement importante en été. De nombreuses visites groupées notamment pour les scolaires sont organisées à la demande. L'association ne remerciera jamais assez ces visiteurs qui par leur enthousiasme soutiennent la reconstruction et emportent souvent des souvenirs en passant au « comptoir de l'*Hermione* ».

De nombreux articles variés et de qualité y attendent les visiteurs.

*Vue de l'*Hermione *par le travers.* *Dessin Dominique Gall.*

L'exploitation

L'*Hermione*, la réplique dans le sillage de son aînée

Le voyage inaugural devrait se faire, pas avant 2012, sur la côte atlantique américaine en passant par la baie de la Chesapeake, et aussi bien sûr par Philadelphie, New York, Boston, Baltimore puis peut-être le golfe du Saint-Laurent et Québec... tous ces lieux où l'*Hermione* de 1779 avait croisé pour sa campagne américaine du 23 janvier 1780 au 26 février 1782.

Après cela, elle devrait rester basée à Rochefort ou dans ses eaux au moins neuf mois par an, ce qui n'exclut pas des navigations vers des ports voisins. Mais il est souhaité qu'elle soit souvent visible à Rochefort, probablement à flot dans la forme Napoléon III, tout près de son lieu de construction. Des précautions seraient prises contre les vers, les algues et autres taret naval. Comme les cales sèches n'étaient mises en eau que pendant de courtes périodes, lors de l'entrée ou de la sortie d'un bâtiment, on peut se demander si la forme Napoléon III supportera une mise en eau permanente. Des études s'en assurent.

ÉQUIPAGES D'HIER ET D'AUJOURD'HUI

Pour la campagne d'Amérique, l'équipage[1] était constitué de 316 personnes dont :
- 14 officiers, y compris le chirurgien, l'apothicaire et l'aumônier...,
- 44 officiers mariniers[2] dont le maître canonnier, le maître charpentier, et le maître calfat...,
- 152 membres d'équipage dont 12 gabiers et 9 timoniers,
- 35 « bas-officiers » et soldats,
- 71 surnuméraires, chirurgiens, boulangers, armuriers, mousses, pilote, domestiques, gardes,
- 14 passagers, à savoir La Fayette et sa suite

soit un total de **330** personnes.

Aujourd'hui l'équipage professionnel devrait être de 30 marins confirmés, aidés évidemment d'une trentaine de bénévoles, marins amateurs très avertis et passionnés. Le statut de navigation et les assurances n'autoriseront aucun invité ni passager payant à bord ; mais les amoureux et membres de l'association de l'*Hermione* seront nombreux à la photographier et à la suivre en naviguant « de conserve » durant ses voyages.

[1] D'après *L'Hermione, frégate des lumières* de Gireaud et Kalbach, chez Dervy.

[2] 17 pour la manœuvre, 19 pour la batterie et 8 pour la charpente et la mâture (d'après Gireaud et Kalbach).

L'*HERMIONE* EN CHIFFRES

Les étapes de la vie de l'ancêtre, l'*Hermione* de 1779

Fin1778, début 1779 : construction en 5 mois, du 15 décembre 1778 au 13 avril 1779.
29 avril 1779 : mise à l'eau et mâtée le 1er mai.
15 mai 1779 : admise au service, descente de la Charente et départ en mer.
24 mai 1779 : premier engagement contre un corsaire ennemi dans le golfe de Gascogne.
Novembre et décembre 1779 : retour à Rochefort pour recevoir un doublage de cuivre.
20 mars 1780 : départ pour l'Amérique avec La Fayette qui avait embarqué le 10 mars.
2 mai 1780 : arrivée à Boston, La Fayette quitte le bord.
7 juin 1780 : combat contre la frégate anglaise *Iris*, l'*Hermione* tire 260 coups de canons.
4 mai 1781 : réception du Congrès américain à bord de l'*Hermione*.
21 juillet 1781 : combat de Louisbourg, l'*Hermione* tire 509 coups de canons.
25 février 1782 : retour en rade de Rochefort, et radoub sur place en mai-juin 1782.
De 1782 à 1784 : campagne aux Indes[1], et en 1789 entrée en refonte.
20 septembre 1793 : naufrage sur le banc du Four au large du Croisic.

L'armement de l'*Hermione*

26 canons en fer de « 12 » – boulet de 12 livres, soit 6 kilos ; diamètre du boulet 11,6 cm.
6 ou 8 canons de « 6 », mais aussi des perriers, des fusils et pistolets.
26 sabords munis de canons, et 2 sabords de chasse à mantelet à l'avant, sans canons à poste.
Poids des canons : sans l'affût, celui de « 12 » pèse 1,6 tonnes et celui de « 6 » 840 kilos.
L'ensemble des canons fait 58 tonnes et les affûts 17 t. L'Hermione emportait 2 040 boulets soit 15 tonnes et 2,5 tonnes de poudre. Le total de l'armement embarqués est donc de 92,5 t.

L'*Hermione* reconstruite

Sur la reconstruction de la coque

Début du chantier : en février 1997, traçage en salle et pose de la quille le 4 juillet 1997.
Les dimensions de l'*Hermione* : 65 m hors tout. Coque : 44,20 x 11,20 m. Hauteur de la coque : 12 m et hors tout : 54 m. Poids final : 1 256 tonnes.
La quille mesure 44,20 m et est constituée de trois étages de 4 ou 5 arbres chacun, fausse-quille en dessous, quille, et contre-quille au-dessus, entaillées pour recevoir les varangues recouvertes par la carlingue. Entre l'étrave et l'arcasse, 62 couples sont posés.
Une douzaine de métiers interviennent dont bûcherons, charpentiers de marine, calfats, menuisiers, sculpteurs, forgerons, gréeurs, voiliers, peintres... et aussi historien, architecte et dessinateur. Coût du projet : 17 millions d'euros.

Matériaux nécessaire

Chêne pour la coque venant des forêts de la façade ouest de la France et résineux pour les ponts et pour la mâture. Ces résineux dont le douglas (ou pin d'Oregon) viennent des collines et montagnes de l'Est de la France. La mâture est faite en bois collé de pin d'Oregon ou d'épicéa de Sitka (spruce) du Nord américain.
Les chênes tors sont des arbres déformés par la recherche du soleil et compte tenu de la forme ronde d'un bateau, il faut des pièces courbes qui doivent être taillées dans des bois de même courbure pour respecter le fil du bois.
Chêne : 1 160 m^3, résineux : 205 m^3, fers : 35 tonnes, brai : 1 t. étoupe 3 t. et chanvre : 15 t.

[1] Voir l'*Hermione, frégate des lumières* de Gireaud et Kalbach, chez Dervy.

Mâture et gréement

En 1992 l'une des dernières exploitations du traditionnel sapin de mâture des Pyrénées (Issaux), voir page 93.

Hauteur des mâts : 56,55 m pour le grand mât dont 45 au dessus du pont, 54 m pour le mât de misaine à l'avant, posés tous les deux sur la quille, et 35 m pour l'artimon.
Beaupré :16,25 m de long sur l'avant pour tenir les mâts et établir les focs.
La grande vergue, en travers du grand mât, mesure 25,5 m.
La grande hune : plate-forme pour tenir les mâts supérieurs, mesure 5,4x5,7 soit 30 m^2.
La surface de la voilure était de 900 à 1 200 m^2 de toiles de chanvre, lourdes et peu durables ; l'*Hermione* nouvelle sera dotée de voiles en coton traité ou en nouveau textile de couleur chanvre.

Renseignements de chantier

Visites du chantier : tous les jours (sauf le 25 décembre et le 1er janvier).
Renseignements : Association Hermione-La Fayette BP 70 177 - 17308 Rochefort
Tél. 05 46 82 07 07 - http://www.hermione.com

Glossaire des termes de marine

La traduction en anglais est donnée *en italique* et entre crochets *[…]*.

A

ABATAGE : en carène pour les vaisseaux de la marine ou abatage des arbres s'est toujours écrit avec un seul « t ». L'abatage est l'action de couper un arbre.

ACCORES : étais soutenant un bateau pendant sa construction.

ADENTS : entailles d'assemblage des pièces de charpentes, voir trait de Jupiter.

ALLONGES : pièces de bois « courbants » rallongeant la membrure.

ANCRE : celle de l'*Hermione*, retrouvée après son naufrage, mesure 4,25 m et pèse 1,5 t.

APPARAUX : équipements divers d'un navire, poulies, cordages, vergues etc.

ARCASSE : ensemble de pièces courbes horizontales formant la poupe du navire.

AUBIER : couches récentes du bois, altérables, dont l'entrée était interdite dans les arsenaux, par opposition au « bois de cœur », « duraminisé ».

B

BÂBORD : coté gauche d'un navire dans le sens de sa marche, par opposition à tribord. Pour s'en souvenir, c'est comme dans le mot « bat-terie ».

BALANCINE : cordages d'orientation d'une vergue.

BARRES DE HUNE : servent à l'écartement des haubans comme les barres de flèches des yachts.

BARROT ou BAU : poutre légèrement courbe supportant les ponts et liant les deux bords du navire.

BASTINGAGE : endroit au-dessus du pavois où étaient entassé les hamacs ou « branles » des marins lors d'un « branle-bas de combat » pour les protéger de la mitraille sur le pont.

BATTERIE : ensemble des canons et pont où ils se situaient (pont de batterie).

BAU *[beam]* : voir barrot, le plus large des baux, central, s'appelle le « maître-bau ».

BAUQUIÈRE *[clamp, string]* : large bordage intérieur ceinturant le navire, liant les couples et portant les baux.

BEAUPRÉ ou MÂT DE BEAUPRÉ : « mât » de l'avant d'un navire très incliné permettant d'étendre la voilure au-delà de l'étrave et de tenir les autres mâts. N'est plus compté dans les mâts.

BITORD : terme de corderie, assemblage par torsion de deux fils.

BITTE : sorte de poteau pour tourner un cordage, sur un bateau ou sur le quai, bitte d'amarrage.

BORDAGE *[plank, board, out-board, bording of a ship]* : madriers ou fortes planches assurant l'étanchéité de la coque. Les « bordages de carène » sont ceux de l'extérieur par opposition aux vaigres placés à l'intérieur. Des bordages plus épais, les « préceintes » renforcent la structure. En général les bordages des fonds, les préceintes, les serres et les vaigres sont en chêne ; parfois ceux des fonds peuvent être en hêtre ; ceux des hauts sont en résineux moins lourds. Ils sont ployés à la vapeur. On appelle galbord *[garboard streak]* la première virure qui touche la quille et s'encastre dans la râblure et ribord la suivante.

BORDÉ *[boards]* : ensemble des bordages, coté ou flanc d'un navire.

BOSSOIRS : sorte de potence horizontale ; bossoirs d'ancre et bossoirs de chaloupe...

BOULINE : patte d'oie en cordage pour orienter les voiles carrées.

BOUTEILLE : élément de décor souvent sculpté et débordant latéralement de la poupe... et dissimulant les toilettes des officiers, celles des marins étaient dans les poulaines à l'avant.

BRAGUE *[gun breeching]* : fort cordage liant le canon à la muraille du navire et limitant le recul.

BRAI *[pitch]* : provient de la résine des pins et sert à l'étanchéité et au calfatage.

BRAIE *[coat]* : toile goudronnée assurant l'étanchéité au niveau des étambrais (mâts et pompes) ou de la jaumière de la mèche du gouvernail.

BRAS : cordage d'orientation des vergues.

BRION *[fore foot knee]* : courbe de bois assurant la jonction de la quille et de l'étrave.

C

CABESTAN : treuil, sorte de toupie en bois manœuvrée à bras d'hommes avec des barres pour les travaux de force comme remonter les ancres.

CADÈNE : fixation métallique des caps de mouton pour raidir les haubans.

CALFATER : assurer l'étanchéité d'un bordé en remplissant les « coutures » entre deux bordages par de l'étoupe puis de la poix ou du goudron, travail des calfats (charpentiers). Le calfatage *[calking]* est l'opération correspondante.

CANONS : l'*Hermione* portait 26 canons de « 12 » (livres) en batterie et 6 canons de « 6 » plus petits sur les gaillards.

CAP DE MOUTON *[dead eye, ram's head]* : rond de bois percé de trois trous servant à « rider », comme avec une poulie multiple, les haubans. La ride est le cordage qui passe d'un cap de mouton à un autre et servira dans cette sorte de palan. Le cap de mouton inférieur est cerclé du fer de la cadène et le supérieur encerclé par l'œil épissé du hauban.

CAPUCINE *[standart knee]* : courbe verticale reliant l'étrave et l'éperon et terminée par un croc de bois où se fixent les grands étais.

CARÈNE *[careen]* : œuvres vives ou immergées d'un bateau.

CARÈNAGE : nettoyage, autrefois par brûlage, des goudrons et grattage de la carène soit en couchant le navire sur son flanc soit au sec dans une forme ou bassin de carène.

CARGUE *[brail]* : cordage pour serrer une voile sur sa vergue ou sur un mât, équivalant du « ris » sur la baume d'un bateau d'aujourd'hui, prendre un ris.

CARLINGUE *[kelson]* : sorte de sur-quille fixée sur les varangues et les serrant contre la quille.

CHEVILLARD : ingénieur constructeur de l'*Hermione*, il la réalisa en 6 mois.

CHEVILLES : après perçage, des chevilles de métal parfois de plus de 3 m lient le bloc d'étambot.

CHOUQUET *[cap]* : ou encore choucq ou chuquet, pièce de bois d'orme reliant avec les hunes les mâts d'assemblage, servant de chapeau à un mât et de coulissant pour le mât supérieur.

CORDAGES : ceux de l'*Hermione* étaient fabriqués par la corderie de Rochefort.

CORDERIE *[rope making]* : fabrique de cordage d'une longueur d'une encablure, environ 200 m, longueur standard des câbles d'ancre des vaisseaux.

COUPE : désigne l'opération de récolte de bois.

COUPLE ou MEMBRE *[ribs, frames]* : dans la carcasse ou squelette d'un bateau, les couples en sont les côtes ; l'ensemble des couples forme la membrure et les bordages y seront fixés. Le maître couple *[midship frame]* est le plus large au centre du navire. Les couples de levée *[principal timber]* sont les principaux couples, les premiers mis en place. Ils servent de guide pour les couples intermédiaires. Les couples « dévoyés » ou « élancés » *[cant timbers]* à l'avant suivent le pincement du bordé vers l'étrave. Les couples de remplissage *[filling timbers]* seront placés entre les autres couples de levée. Les « fourrures » qui s'insèrent entre des couples pas assez serrés ont pour but de réduire la maille. Les couples de coltis *[knuckle timber]* portent les bossoirs.

COURBANT ou BOIS TORS *[cuve, archet]* : pièce de bois présentant une courbure intéressante pour y tailler une pièce de charpente courbe en respectant le fil du bois.

COURBE *[knee, supporter]* : équerre en bois liant deux pièces de charpentes, par exemple baux et couples. La courbe d'étambot *[knee of the stern-post]* renforce la liaison entre la quille et l'étambot, celle de brion *[fore foot knee]* entre quille et étrave, celle de capucine *[standart knee]* verticale entre l'étrave et l'éperon, alors que les courbes de jottereau *[cheeks of the head]*, horizontales, relient la proue à l'éperon. Quant aux courbes de pont ou de bau *[knee of the deck]* elles lient les baux des ponts et la muraille.

CRAIN : Centre de Recherche pour l'Architecture et l'Industrie Nautiques. Premier maître d'œuvre du chantier, il a très bien reconstitué les formes de la frégate en trois dimensions.

CUIVRE ou DOUBLAGE EN CUIVRE : *[copper sheets]* pour préserver la coque et augmenter la vitesse, d'abord « mailletage » par cloutage (clous en fer), puis doublage en feuilles de cuivre fixées par des « clous à doublage » *[doubing nails]*. Il fut développé en France dès 1778, l'*Hermione* en bénéficia en novembre et décembre 1779.

D

DAUPHINS *[cheeks of the head]* : courbes de jottereaux horizontales qui relient la guibre à la muraille.

DOUBLE-FORME : bassin de carène Louis XV achevé en 1728 et dans lequel l'*Hermione* a reçu son doublage de cuivre en 1779 ; sa réplique y est reconstruite.

DRAILLE *[sail stay, girt line]* : cordage ou câble sur lequel une voile triangulaire, foc ou voile d'étai, est endraillée.

DRISSE *[haliard]* : cordage fixé au sommet d'une voile et servant à la hisser, drisse de foc, de vergue…

E

ÉCOUTE *[sheet]* : cordage fixé à l'angle d'une voile et servant à la tendre ou à l'orienter.

ÉCUBIER *[hawse-hole]* : ouverture de passage des câbles ou chaînes d'ancre.

ÉQUARRISSAGE : les arbres sont dégrossis à la hache en forêt pour ne transporter que la pièce de marine.

EMPLANTURE ou PIED DE MÂT *[shoe, forefoot]* : sorte de « caisse » fixée sur la carlingue.

ENCABLURE *[cable's length]* : environ 195 m arrondis dans le langage courant à 200 m. Cette encablure était la longueur standard des câbles d'ancre des vaisseaux (valant 120 brasses).

ENFLÉCHURES *[ratings]* : marche en cordage tendu en travers des haubans permettant aux gabiers de monter dans la mâture.

ÉPERON *[ha, mole]* : charpente en avant de la coque servant de support au beaupré.

ÉPONTILLE *[standing, pillard]* : poteau supportant les baux et les ponts.

ÉPURE : traçage en salle en grandeur réelle des pièces à tailler.

ESPAR : pièce secondaire de la mâture.

ESTROPE : cordage encerclant une poulie pour la fixer.

ÉTAIS *[stade]* : Les mâts sont maintenus sur l'avant et entre eux par des étais qui porteront les focs et les voiles d'étais. Ils sont tendus grâce à des « moques » *[dead block]*, bloc de bois comme le cap de mouton mais à un seul trou.

ÉTAMBOT *[stern-post]* : pièce droite fixée en équerre sur la quille à son extrémité arrière et raccordée par la courbe d'étambot *[knee of the stern-post]*. L'arcasse est fixée sur l'étambot, comme le gouvernail.

ÉTAMBRAI *[partner, room]* : châssis d'ouverture dans le pont pour le passage d'un mât. Il est plus long que large pour permettre de régler l'inclinaison du mât.

ÉTRAVE : pièce souvent courbe fixée sur la quille à son extrémité avant avec le brion.

ÉTRIER : en cordage ou en fer, placé sous la vergue, sert à maintenir le « marchepied » sur lesquels les gabiers se tiendront.

F

FIL DU BOIS : direction générale des fibres du bois ; pour sa résistance optimale, il faut toujours respecter le fil du bois.

FLIPOT : mince pièce de bois bouchant une fente ou gerce, comme celle entrée en force entre des bordages et participant ainsi au calfatage et à la rigidité de l'ensemble (« flipoter »).

FOC, CLINFOC, TRINQUETTE, ETC. : voiles triangulaires de l'avant entre le beaupré et le mât de misaine.

FORME OU FORME DE RADOUB *[basin, shipping]* : la double forme de Rochefort (1683-1728) a reçu l'*Hermione* de 1779 pour son doublage en cuivre et voit actuellement la reconstruction de sa réplique. La première à Rochefort fut celle de Louis XIV (1669), la dernière celle de Napoléon III.

FOURCATS *[fluor timbre, crotche]* : varangues très pincées de l'avant et de l'arrière d'un vaisseau en général taillées dans une fourche d'arbre.

G

GABARIT : modèle en planche fine de sapin, ou de contreplaqué, de la pièce de bois à tailler.

GABIER : marin travaillant dans les vergues... Gabier de poulaine ... injures de marin, voir à poulaine.

GAÏAC : essence des Caraïbes ou de Guyane donnant un bois dur, très résistant et durable, gras au toucher, idéal pour réaliser les réas des poulies ou les caps de moutons.

GAILLARD : partie surélevée ou pont supérieur, gaillard d'avant, ou gaillard d'arrière.

GALBORD[1] *[garbure steak]* : la première virure qui touche la quille et s'encastre dans la râblure ; le ribord est la suivante.

GALHAUBANS : haubans les plus longs maintenant les mâts supérieurs à partir de la muraille.

GAMBES *[futtock-shrouds]* : sortes de haubans de revers, sous la hune, pour rider ces haubans de hune qui tiennent ce mât.

GENOU *[futtocks]* : l'une des pièces très courbes de la membrure, formant presque un angle, située entre la varangue et l'allonge, soit entre le fond de coque et la muraille.

GOLDRON : sorte de goudron végétal extrait des résineux et permettant de traiter les cordages pour prolonger leur durée de vie.

GOURNABLE *[tree-nail]* : grosse cheville en bois de chêne ou de robinier (acacia) d'environ 3 cm de diamètre destinée à fixer les bordages sur la membrure ou les couples entre-eux. Parfois fendu à son extrémité, un coin ou « épite » *[stick, quoin]* assure alors son blocage.

GOUVERNAIL *[rudder, rother]* : il est constitué d'une « mèche », axe de rotation traversant la voûte arrière à la jaumière, et d'un « safran », partie active sur l'eau ; il est fixé par des « ferrures » en bronze, les femelots, et les aiguillots.

GRÉEMENT OU NAGUÈRE GRÉMENT *[rigging, fitting]* : ensemble des cordages et poulies qui assurent la fixation des mâts, des vergues, des voiles et leur maniement.

GRÉEMENT DORMANT : haubans, galhaubans et bas haubans, et étais tenant les mâts.

GRÉER *[to rig, to fit]* : c'est installer les mâts d'un navire, les vergues et toutes les manœuvres liées aux

[1] On écrivait « gabord » aux XVIIe et XVIIIe siècles.

voiles, drisse, écoutes etc.

GRELIN : gros cordage de trois aussières « commis » ensemble et destiné à amarrer un navire. Les plus gros sont appelés câbles.

GUIBRE *[cut-water]* ou ÉPERON *[head, mole]* : charpente en avant de l'étrave servant de support au beaupré et décorée de la figure *[figure, head, block]* de proue, un lion pour l'*Hermione*.

GUINDEAU : sorte de treuil à axe horizontal n'emmagasinant pas le cordage (voir cabestan).

GUINDAGE *[swaying up]* : c'est faire coulisser (guinder) les mâts supérieurs sur le bas mât ; la « guinderesse » est la drisse correspondante (voir chouquet et hune). Les mâts sont descendus par sécurité lors de l'hivernage.

H

HAUBANS *[shroud]* : cordages ou câbles, partie du gréement, tenant latéralement les mâts et fixé par des caps de mouton sur les porte haubans dépassant de la coque et fixée sur elle.

HERMINETTE : l'un des principaux outils du charpentier de marine, avec un fer courbe fixé en équerre au bout d'un long manche permettant de tailler dans la masse du bois.

HERPES ou « LISSES DE HERPES » *[rails of the head]* : partent de la muraille, près des bossoirs, pour étayer la guibre.

HUNE : plate-forme au sommet du bas-mât, partie importante de la fixation et du guindage des mâts supérieurs ; joue le rôle tenu par toute la largeur du pont pour le bas-mât.

J

JAUMIÉRE *[helm port]* : passage dans la voûte arrière pour la mèche du gouvernail, son étanchéité sera assuré par une braie [coat] de toile goudronnée.

JOTTEREAUX *[cheeks, brakets]* : ces « flasques de mât » fixées de part et d'autre du bas-mât, supportent la hune. Les courbes de jottereaux horizontales ou « dauphins » *[cheeks of the head]* relient la guibre à la muraille.

JOUX (LA) : forêt du Jura célèbre pour ses sapins de mâture des vaisseaux du roi.

JUMELLES : supports de la hune.

L

LISSE *[rising line]* : premières longues pièces de bois mises en place sur le bordé, permet de lisser la forme du navire et de visualiser les bordages futurs.

M

MAÎTRE-BAU : le plus large des baux.

MAÎTRE-COUPLE : le plus large des couples et le premier mis en place, les autres en découleront. Celui de la réplique a été posé le 17 février 1999.

MANTELET DE SABORD *[port lid]* : volet à charnières ou pentures supérieures fermant un sabord.

MARTEAU : en terme forestier, le marteau est l'outil de désignation des arbres, opération appelée « martelage ». Le marteau est une sorte de hachette à talon, gravé d'une empreinte.

MÂTS : mât de misaine à l'avant, grand mât au milieu et mât d'artimon à l'arrière. Mâts d'assemblage (voir guindage), bas mât, celui de la base ; puis au-dessus successivement mât de hune, mât de perroquet, mât de cacatois et parfois mât de pavillon (voir aussi beaupré).

MEMBRE, MEMBRURE ou COUPLE *[ribs, frames]* : dans la carcasse ou squelette d'un bateau, les couples en sont les côtes ; l'ensemble des membres forme la membrure. Assemblé dans un plan vertical le membre est constitué de plusieurs pièces bout à bout et doublé de façon décalée par un second ensemble, d'où le nom de « couples » ; les bordages y seront fixés.

MODÉLE : à l'époque où l'on ne faisait pas de plan, pour aider les charpentiers, on réalisait avec une extrême minutie un « modèle de chantier ». Les charpentiers pouvaient visualiser exactement la pièce à tailler par eux en grandeur réelle (dans une maquette, seul l'aspect extérieur est fidèle). Celui de l'*Hermione* a été réalisé au fur et à mesure devant le public par Jean Thomas, ébéniste, à l'échelle du 1/18ème.

O

ŒUVRES VIVES et ŒUVRES MORTES : les œuvres vives sont celles situées sous la ligne de flottaison (à plat) et les œuvres mortes sont au-dessus.

P

POULAINES *[gratings of the head]* : charpente du vaisseau en avant de l'étrave, avec un plancher et des lisses. Les latrines de l'équipage s'y trouvent d'où l'expression « gabiers de poulaine ».

POULIAGE : ensemble des poulies du gréement.

PRÉCEINTE *[wale, bend]* : elle est constituée de deux bordages d'épaisseur plus importante que leurs voisins, situés à hauteur des ponts de batteries qu'ils renforcent sous la percée des sabords. Désignent aussi des bordages d'échouage, ceux renforcés là où le navire portera.

PROUE *[prow, bow, head]* : elle est décorée de la figure *[figure, head, block]* de proue, un lion pour l'*Hermione*.

Q

QUILLE *[keel]* : pièce maîtresse d'un navire, sur ceux dépassant 12 ou 15 m ; il s'agit d'une quille en plusieurs éléments bout à bout assemblés en biais par trait de Jupiter. Sous la quille se trouve la fausse quille, remplaçable en cas d'avarie ; au dessus de la quille, la contre quille entaillée pour l'emplacement des varangues, puis vient la carlingue couvrant les varangues. La quille est creusée d'une râblure *[groovie, rabbit]* recevant le premier bordage ou « galbord » qui sera suivi du « ribord ».

R

RÂBLURE : c'est l'entaille recevant le premier bordage ou galbord, elle est taillée à l'herminette dans la quille comme dans l'étambot et l'étrave.

RACAGE : collier de billes de bois coulissant autour du mât et maintenant une vergue.

RÉA ou ROUET *[sheaf]* : partie tournante de la poulie.

RÉPLIQUE : reconstitution la plus fidèle possible d'un navire, celle de l'*Hermione* de 1779 a débuté à Rochefort en février 1997 par la pose de la quille.

RIBORD : bordage suivant le galbord (voir quille).

RIDE : cordelette allant d'un cap de mouton à l'autre pour raidir ou « rider » un hauban.

RIS : prendre un ris dans une voile est diminuer sa surface grâce aux « garcettes de ris ».

ROMAILLET : petite pièce du même bois, destinée à remplacer par incrustation et collage une partie défectueuse, nœud ou pourriture, dans un bois ayant un défaut. Voir aussi flipot.

S

SABORD *[gun port, port]* : ouverture dans le flanc ou bordé du navire pour sortir la bouche d'un canon. Il peut être ou non fermé par un volet horizontal ou « mantelet » de sabord.

SAINTE-BARBE : lieu où l'on stocke la poudre et logement du maitre-canonnier.

T

TAINS ou BILLOTS *[stolk, kevel]*: blocs de bois superposés calant la quille d'un navire en construction ou en cale sèche.

TRIBORD : coté droit d'un navire dans le sens de sa marche, par opposition à bâbord. Pour s'en souvenir, penser au mot « bat-terie ». Côté noble par lequel les officiers montent à bord.

V

VAIGRAGE ET VAIGRE *[inboard plank, ceiling]* : bordage et bordé intérieur d'un navire fixés sur les couples.

VAISSEAU : navire ayant deux ou trois ponts de batteries couvertes et combattant en ligne d'où le nom de vaisseau de ligne.

VARANGUE *[floor timber, crutche]* : partie centrale en « V » plus ou moins ouvert d'un membre ou couple fixée sur la quille. Symétrique au XVIIIe, elle est dissymétrique au XIXe siècle. Elle se prolonge par des pièces dites « allonges », les plus coudées sont les « genoux » *[futtocks]*.

VERGUE *[yard, boom]* : perche de résineux fixée horizontalement sur les mâts et portant les voiles carrées. La vergue adopte le nom de la voile qu'elle porte, comme vergue de misaine, de grand hunier… Elle est dite « sèche » si elle ne porte pas de voile mais sert à amurer la voile carrée du dessus, le hunier.

VIRURE : ligne ou étage de bordages bout à bout de la proue à la poupe.

Bibiographie

Ces éléments de bibliographie, très limités, ne signalent que des ouvrages contemporains touchant l'*Hermione*, la marine en bois et l'exploitation forestière, accessibles en librairie ; en aucun cas ils ne prétendent à un panorama exhaustif.

Du même auteur aux éditions du Gerfaut

Bois de marine, 2000.

Bois de musique, 2003.

250 réponses aux questions des amoureux de la forêt, 2006.

Dictionnaires

LECOMTE, Jules : *Dictionnaire pittoresque de marine*, Chasse-marée éditions de l'Estran, 1835 réédition 1998.

WILLAUMEZ, amiral : *Dictionnaire de marine*, Mame, 1831 réédition1998.

Marine

BAYLE, Luc-Marie, et MORDAL, Jacques : *La marine en bois*, Fayard, 1978.

BOUDRIOT, Jean : *Artillerie de mer, France 1650-1850*, Archéologie navale, 1992.

COSSÉ, Yves : *Les frères Crucy, entrepreneurs de constructions navales de guerre, 1793-1814*, Y.C., 1993.

Neptunia, Revue des amis du Musée national de la Marine, 1946 à aujourd'hui.

Guerre d'Indépendance américaine

FORRAY, Gilbert, général : *La route de Yorktown*, conférence à la Sorbonne, 2003.

GIRAULT DE COURSAC, Pierrette et Paul, *Guerre d'Amérique et liberté des mers*, mairie de Paris, 1983.

Hermione

FONTAINIEU, Emmanuel de : *L'Hermione, de Rochefort à la gloire américaine*, Éditions de Monza, 1992.

KALBACH, Robert et GIREAUD, Jean-Luc: *L'Hermione, frégate des lumières*, Dervy, 2004.

Bois

GAY, ouvrage collectif dont J.-M. BALLU : *L'Atlas du bois*, Éditions de Monza, 2001.

Le départ de La Fayette à bord de la Victoire *pour son premier voyage le 20 avril 1777 par Hubert Robert. Musée national de la coopération franco-américaine à Blérancourt, détail.* © R.M.N., Gérard Blot.